DISCOURS

PRONONCÉS LE III. FEVRIER MDCCLI.

A LA PREMIÉRE ASSEMBLÉE DE LA SOCIÉTÉ LITTÉRAIRE,

Fondée dans la Ville de Nancy, par le Roi de Pologne, Duc de Lorraine & de Bar.

A NANCY,
Chez Pierre Antoine, Imprimeur Ordinaire du Roi, de la Société Littéraire, & de l'Hôtel de Ville.

AVEC PRIVILEGE DU ROY.

STANISLAS I. Roi de Pologne, Duc de Lorraine & de Bar, surnommé LE BIENFAISANT,* *ayant fondé dans la Capitale de ses Etats une Bibliothéque publique, deux Prix à perpétuité pour les Sciences, les Belles-Lettres & les Arts, & des Censeurs pour décerner ces Prix, après un mur examen des Ouvrages qui auront concouru: SA MAJESTÉ a jugé à propos de fixer le troisiéme jour de Février pour l'ouverture des Assemblées de la Société Littéraire, dans la Salle de l'ancien Château de Nancy, destinée à la Bibliothéque.*

Comme l'intention de ce Religieux Monarque, en encourageant les talens, est de les faire servir à la gloire de celui qui les donne, à l'avantage des Particuliers & à l'utilité publique: Tous motifs consacrés par la Religion: Il a cru devoir intéresser le Ciel au succès de son projet.

Le jour destiné à la première seance des Censeurs Royaux, toute la Cour, toute la Noblesse de l'un & de l'autre sexe, les Magistrats des Cours Souveraines, les Ordres Religieux,

* Surnom donné à S. M. P. par M. Thibault, Lieutenant-Général, & adopté avec autant de plaisir par les Membres de la Société, que reçu avec applaudissement par le Public.

les Personnes les plus distinguées de Nancy, s'étant rendus dans l'Eglise Primatiale, dont les portes étoient gardées par un détachement de la Garnison, & l'intérieur par les Gardes du Corps du Roi; on célébra une Messe du Saint Esprit, chantée par la Musique de la Chapelle de SA MAJESTÉ. M. de Choiseul, Primat de Lorraine, Grand Aumônier du Roi, & l'un des Membres de la Société Littéraire, officia pontificalement. Le R. P. Demenoux, Prédicateur du Roi, Supérieur des Missions Royales, Membre de l'Académie de Rome & de celle de la Rochelle, & l'un des Censeurs Royaux, prononça un discours, où il fit voir les grands avantages qui reviennent à la Religion & à l'Etat des différentes Fondations faites par SA MAJESTÉ, & en particulier de celle de la Bibliothéque & des Prix.

A trois heures après midi se tint la première séance des Membres de la Société. L'assemblée fut aussi brillante que nombreuse. Mr. le Chevalier de Solignac, Bibliothécaire, Censeur & Sécrétaire perpétuel de la Société, parla le premier, comme Sécrétaire du Cabinet & des Commandemens de SA MAJESTÉ, & chargé d'annoncer de sa part le dessein & les *motifs de l'établissement qu'Elle vient de faire.*

Mr. Thibault, Lieutenant-Général du Bailliage de Nancy, Procureur-Général du Bureau Souverain de Féneſtrange, & l'un des Membres de la Société, répondit à ce diſcours au nom de la Nation.

Mr. le Comte de Treſſan, Lieutenant-Général des Armées du Roi Très-Chrétien, Commandant dans le Toulois, Barrois & Lorraine-Françoiſe, Membre de l'Académie Royale des Sciences de Paris, des Sociétés Royales de Londres, de Berlin, & de Nancy, ſe propoſa d'inſpirer l'amour du travail par le détail qu'il fit des découvertes heureuſes de notre ſiécle dans les Sciences & les Arts.

La ſeance fut terminée par un diſcours ſur le goût dans les Ouvrages d'eſprit, que prononça M. Poncet de la Riviére, Evêque de Troyes, Grand Maître de la Chapelle du Roi, Membre de l'Académie Royale d'Angers & de la Société Littéraire.

On a cru entrer dans les vuës de l'Auguſte Fondateur, en donnant au Public ces quatre diſcours, où tout reſpire le déſir de voir fleurir les Sciences dans un Pays fécond en talens.

AVIS

Touchant les Prix fondés par Sa Majesté Polonoise.

SA MAJESTÉ ayant marqué par son Edit du 28. Décembre dernier, Art. VI. qu'Elle laissoit le choix des matiéres concernant les Sciences, la Littérature & les Arts, à ceux de ses Sujets qui voudront travailler pour le Prix ; & Art. IX. que les Auteurs seront tenus de remettre leurs Ouvrages au Sécrétaire perpétuel de la Société Littéraire, avant le premier Octobre de chaque année ; on a cru devoir annoncer ici :

1°. Que les Ouvrages devront être bornés à une heure de lecture au plus.

2°. Que les Auteurs ajoûteront à la Dévise, mise au bas de leurs discours, un papier cacheté, écrit de leur propre main, dans lequel seront leur nom, leurs qualités & leur demeure ; lequel papier ne sera ouvert qu'autant que l'Ouvrage, où il sera attaché, aura été jugé digne du Prix.

LISTE
De la Société Royale des Censeurs nommés par Sa Majesté.

Honoraires.

M. de Choiseul, Primat de Lorraine, Grand Aumônier du Roi, Directeur.

M. Poncet de la Riviere, Evêque de Troyes, Grand Maître de la Chapelle de Sa Majesté, Membre de l'Académie Royale d'Angers.

M. le Comte de Tressan, Lieutenant-Général des Armées du Roi Très-Chrétien, Commandant dans le Toulois, Barrois & Lorraine-Françoise, de l'Académie Royale des Sciences de Paris, de la Société Royale de Londres & de celle de Berlin.

M. d'Heguerty, ancien Directeur général du Commerce, Président du Conseil supérieur, & Commandant pour le Roi de l'Isle de Bourbon.

TITULAIRES.

Le R. P. Demenoux de la Compagnie de JESUS, Supérieur des Missions Royales, de l'Académie Royale de la Rochelle & de celle des Arcades de Rome.

M. le Chevalier de Solignac, Sécrétaire du Cabinet & des Commandemens du Roi, Membre de l'Académie de Rome & de celle de la Rochelle, Bibliothécaire de SA MAJESTÉ, Censeur & Sécrétaire perpétuel de la Société Littéraire.

M. Thibault, Lieutenant-Général du Bailliage de Nancy, Procureur-Général du Bureau Souverain de Fénestrange.

M. de Tervenus, Chanoine de l'insigne Eglise Primatiale.

M. Gautier, Chanoine Régulier de la Congrégation de Notre Sauveur, Professeur de Mathématiques & d'Histoire des Gentilhommes Cadets établis à Lunéville.

I. DISCOURS

Prononcé par Mr. le Chevalier
DE SOLIGNAC.

ESSIEURS,

Je craindrois de ne point réüssir dans le ministére dont on m'a fait l'honneur de me charger, si je n'espérois de tirer de vous-mêmes les secours que je ne puis me promettre de mes talens.

Je sçai, Messieurs, que pénetrés des biens que le Roi ne cesse de répandre sur vous, vous venez tous ensemble apporter ici le tribut d'amour & de reconnoissance qu'ils exigent. Vos sentimens éclatent dans vos yeux ; on les voit dans votre empressement à m'entendre ; votre silence même les annonce : Que puis-je faire de mieux, que de les démêler dans vos cœurs, & de les mettre au jour avec tout le zéle qui les a produits, si je ne puis les rendre avec toutes les graces que vous y prêteriez vous-mêmes ?

QUEL jour avez-vous remarqué dans vos Annales plus glorieux pour vos Maîtres, plus heureux pour vous, que l'est celui-ci ? Ce jour va faire désormais une des époques les plus brillantes de la Lorraine, & vos derniers descendans, joüissans, comme vous, du bonheur qu'il vous prépare, en célébreront avec joye le souvenir.

VOUS le connoissez ce bonheur, MESSIEURS. Il consiste dans la culture de vos talens, excités par l'émulation & plus encore par le goût que le Roi vous connoît pour les Sciences, & qu'il veut augmenter par ses bienfaits.

Aul. Gell. *noct. attic. Lib. VI. Cap. 17.*

Vaillant, *Hist. Ptolemæor pag. 1 Amstelod. 1701. Id. pag. 31. 35. 108. 110*

Athenæi *lib 1. cap. 2.*

Plin. *lib.* XXXV. *cap. 2.*

CE bonheur est le même que la savante Athénes dût autrefois à Pisistrate ; & bientôt après, l'Égypte à Ptolemée Soter le Lagides, & à quelques-uns de ses successeurs. Ces Princes, amateurs éclairés des beaux Arts, avoient rassemblé tous les Livres qui pouvoient servir à les perfectionner ; & comme dit Pline, en loüant le même soin dans un Romain de son tems, ils furent les premiers qui s'aviserent de rendre publics les génies des hommes.

QUE ne firent pas, sur-tout les Ptolemées, sur le modéle que Pisistrate leur avoit donné ? Déja dès son établissement même, la Bibliothéque qu'ils avoient fondée à Aléxandrie, étoit de deux cent mille volumes, au rapport de Josephe ; & alors même, Démétrius de Phalère, qui en étoit Sur-intendant, se flattoit de la porter jusqu'à cinq cent mille.

Flav. Jos. anti. Judaïc. lib. XII. cap. 2.

PRÉS de ce dépôt, le fruit du bon goût & des soins généreux de ces Princes, étoit un Musée, espéce d'Académie, qui tiroit son nom des Muses, Divinités Tutélaires des beaux Arts; & dans ce lieu, des Savans nourris & entretenus aux dépens du Souverain, pouvoient se livrer tout entiers à l'Étude, & par leurs Ouvrages exciter l'amour des Lettres, qu'il est presque impossible de connoître sans les aimer.

Vaill. Hist. Ptolem. pag 20.

Strab. Geograph. lib. XVII. pag. 546. Edit. 1587.

VOUS me prévenez, MESSIEURS. Vous avez déja saisi le paralléle que je me proposois de faire. Ajoûtez-y du moins ce que vous ne pouvez ignorer, que Ptolemée Soter & Philadelphe son fils étoient également distingués par les Armes & par les Lettres. Rappellez-vous que le premier, un des plus chers favoris d'Alexandre, avoit eu part à tous ses exploits; Que le second fut vainqueur d'Antigonus, Roi de Macédoine; Que celui-là écrivit la vie d'Alexandre avec autant de grace que de dignité; & que celui-ci, l'émule & le protecteur des Savans, se fit une gloire de venger Homére des insultes de Zoïle.

Vaill. Hist. Ptolem. p. 1. 2.

Id. pag. 28.

Id. pag. 23.

LE rapport, MESSIEURS, que nous reconnoissons ici, principalement dans le premier de ces Princes, sera plus juste encore, si nous nous souvenons qu'un de leurs successeurs, après s'être fait admirer par des Commentaires historiques, institua des Jeux en l'honneur des Muses & d'Apollon, & proposa des prix à tout homme de lettres, que sept Juges établis pour décider du

Id. pag. 108. & seqq.

mérite des ouvrages, auroient jugé digne d'être couronné.

N'EST-CE pas là, MESSIEURS, ce que je viens vous exposer aujourd'hui? Ne voyez-vous pas se renouveller dans votre Capitale, ce que la Gréce & l'Égypte admirèrent autrefois? L'ancien Palais de vos Ducs se change tout d'un coup en un Temple de Muses. Il s'y forme pour vous une Bibliothéque publique, qui doit augmenter tous les ans par les libéralités du Roi; & deux prix sont fondés en même tems, l'un pour les Sciences, & l'autre pour l'Histoire & les Arts, dont seront Juges, des hommes tirés de votre Province même, & engagés par leur propre gloire à faire éclater dans toute l'Europe celle que vous tâcherez de vous acquérir.

CE n'est donc pas assez pour le Roi de Pologne, que les Lettres l'ayent toujours accompagné dans ses campagnes avec Charles XII. l'Alexandre du Nord! Ce n'est point assez qu'elles fassent encore à présent ses plus cheres délices! il veut, ce Grand Prince, il veut répandre le même goût dans ses États.

PERSUADÉ que rien n'est plus capable que les Lettres d'adoucir les mœurs, d'éteindre l'amour des plaisirs frivoles, de faire sentir le besoin de la vertu & de jetter un ridicule sur l'ignorance & sur l'oisiveté, les deux causes les plus ordinaires de la décadence des Empires: Il s'efforce par ses regards bienfaisans, d'animer tous les Arts, d'étendre les idées de ses Sujets, d'augmenter les ressorts de leur esprit, de leur faire aimer la vraie volupté de l'ame, & de leur apprendre à ne faire usage de leurs talens, que pour vaincre leurs passions, ou pour détruire leurs préjugés, quelquefois plus dangereux que les passions mêmes.

QUEL malheur pour les Lettres, MESSIEURS! Ceux qui leur font le plus d'honneur par l'étenduë, la vivacité, la délicatesse de leur génie, ne les déshonorent que trop souvent par l'irrégularité de leurs mœurs. Séneque s'en plaignoit autrefois, jusqu'à dire: Que depuis qu'il avoit paru des beaux esprits dans le monde, on n'y voyoit presque plus de gens de bien. Senec. Epist. 95.

EST-CE donc la faute des beaux Arts? Non, sans doute: Mais ainsi que le suc de la terre, toujours précieux & toujours le même, produit dans certains arbres des fruits délicats & savoureux; & en d'autres arbres des fruits dont l'âpreté semble affecter les yeux mêmes qui les regardent: Les Arts qui ne sont faits que pour éclairer la raison, l'épurent dans des esprits disposés à la connoître, & servent malheureusement à l'obscurcir dans d'autres qui n'en peuvent souffrir l'éclat.

VOTRE Province, MESSIEURS, vient de nous fournir un exemple bien éclatant, que les Sciences n'ont jamais que d'heureux effets dans des ames bien nées. Permettez à l'amitié un éloge où mon sujet me conduit naturellement, que je ne puis refuser à la justice, que je dois à votre gloire, & qui est si propre à exciter en vous une noble émulation pour les beaux Arts.

VOUS connoissez Cénie; & où ne la connoît-on pas au moment que je parle? Quelle piéce de théâtre a-t-on fait de nos jours qui marque plus de finesse & d'agrément dans l'esprit, plus d'élévation & de délicateſſe dans les ſentimens, où la vertu ſe montre avec tant de charmes, & qui faſſe paſſer ſi rapidement de l'admiration de l'ouvrage à l'amour de l'Auteur ? Ouvrez les Lettres Péruviennes, vous y verrez des traits lumineux d'une Philoſophie juſqu'à préſent inconnuë dans nos Romans ; & vous conviendrez de ce que j'ai voulu prouver d'après un ſi bel exemple, que c'eſt uniquement des germes d'un mauvais cœur que viennent les fruits amers, qu'on oſe attribuer aux belles Lettres.

Il eſt vrai qu'elles répriment quelquefois les vices de l'ame ; mais ce qui les regarde plus particuliérement, c'eſt de corriger les défauts de l'eſprit. Il eſt deux ſortes de ces défauts. L'un a diſparu depuis près d'un ſiécle ; mais combien de tems a-t-il duré depuis le renouvellement des Lettres dans l'Europe ?

Quels furent d'abord les Ouvrages de nos Savans ? De lourdes compilations, des diſcuſſions ſéches & ennuyeuſes, des recherches frivoles ſur des mots, des critiques, où ſous une groſſiere impoliteſſe on découvroit à peine quelques lueurs d'eſprit & de bon ſens. Accablés ſous le poids de leurs immenſes volumes, nos Peres n'oſoient penſer que d'après les Grecs & les Romains, ou d'après les Arabes leurs premiers Maîtres. Copiſtes ſerviles, ils abuſoient du nouvel Art de l'Impreſſion ; & ceux-là paſſoient pour plus habiles, qui avoient fait plus de dégât dans de vieux livres, & en avoient arraché plus d'inutiles lambeaux.

Ce n'eſt qu'à l'établiſſement des Académies du Royaume, qu'on peut fixer l'époque du bon goût, qui revint enfin parmi nous. Ce fut alors que reparut cette justesse nécessaire dans les idées ; cet ordre qui les arrange, les développe, les aggrandit en même tems ; cette chaleur qui en les faisant éclorre, les rapproche, les réünit & les fait paroître par une gradation imperceptible comme le germe les unes des autres. Ce fut alors qu'on vit des Ouvrages, où se trouvoit avec la régularité du dessein toute la vigueur d'un génie créateur ; où l'on étoit forcé d'admirer cette simplicité majestueuse qui embellit la raison même ; cette sage délicatesse qui ne disant jamais tout, en dit pourtant toûjours assez ; en un mot, cette aménité d'expression que les graces inspirent, mais qu'elles n'avouent qu'autant que l'esprit n'y mêle rien d'inutile ou de forcé.

Il est encore des hommes parmi nous, Messieurs, qui par leurs écrits soutiennent la gloire de ce tems heureux ; mais n'avons-nous pas à craindre de voir bientôt s'éteindre les derniéres étincelles de ce feu qui répandoit un si grand éclat dans toute l'Europe ?

J'avoue que les Lettres ne furent jamais plus cultivées qu'elles le sont de nos jours. Chacun se fait honneur de mêler à la science de sa profession des connoissances toûjours utiles, quoiqu'étrangéres. L'Histoire, la Physique, la Géométrie, la Musique même & la Peinture, tout ce qui orne l'esprit, ou qui peut en étendre les lumiéres, fait partie de l'éducation des jeunes gens ; & l'on n'ose presque plus se produire dans les compagnies, sans quelque teinture d'un savoir agréable & délicat.

MAIS quel eſt en général le ſavoir de notre ſiécle ? Voyez quelles en ſont les mœurs ; elles ont coûtume d'influer ſur l'eſprit même. Des cœurs volages annoncent naturellement des eſprits légers. Ainſi dans nos idées, comme dans nos ſentimens, rien ne nous fixe, nous voltigeons d'objet en objet, & nous ne prenons que la fleur de ceux qui nous arrêtent.

DELA' cette foule d'écrits ſuperficiels, plus propres à nourrir l'oiſiveté qu'à la diſſiper. Delà ces Romans, débauches d'un eſprit frivole qui craint la peine & le travail, & qui veut faire paſſer pour un pénible effort de génie, l'eſſor aiſé d'une imagination qu'il auroit dû réprimer.

POUR définir en un ſeul mot notre ſiécle, ne pourrions-nous pas l'appeller le ſiécle de l'eſprit ? Le brillant ne l'emporte-t-il pas aujourd'hui dans tous nos Ouvrages ſur la richeſſe de la compoſition ? Et dans nos Livres ne préfère-t-on pas les traits ſaillans, les ornemens affectés, les graces du langage, à la profondeur, à la juſteſſe, à la fineſſe même des réflexions.

C'EST le ſecond défaut, dont je voulois parler, & qui plus encore que le premier, doit être corrigé par une ſage culture des belles Lettres. Les Compilateurs, dont j'ai fait mention, Peintres durs & groſſiers, ne ſe donnoient pas la peine de broyer leurs couleurs. Ils ne connoiſſoient point l'Art d'en former des nuances. Ils les plaquoient au haſard & ſans choix, & faiſoient des tableaux ſemblables à ceux de Pauſias, dont parle Horace, qui ne peignoit qu'à la craye, ou au charbon.

Horat. Lib. XI. Satyr. VII. verſ. 98.

LES

Les Écrivains de nos jours, plus habiles, & trop habiles même, ne manquent le but de l'Art, que parcequ'ils le passent. Ils gâtent la belle nature par les prestiges de l'Art ; ils mettent des éclairs où il ne faut que de la lumiére, & du transport où il ne faut que de la chaleur.

Quelle espérance ne nous donnez-vous pas, Messieurs, de voir bientôt éclorre dans votre Province des productions exemptes de ces défauts.

Je vois encore répandu dans ce Pays l'esprit des Maldonat, des Salmeron, des Sirmond, des Grégoire, des Charpentier, des Barclai, qui rendirent autrefois l'Université de Pont-à-Mousson si célébre. Il me semble entendre un Maimbourg, un Abram, l'un Historien, rapide & séduisant ; l'autre Critique, exact & sensé, qui tous deux, nés dans votre Province, vous exhortent à cultiver vos talens. Les Calmet, les Cellier, malgré leur modestie, plus loüable encore que leur profond savoir, vous montrent eux-mêmes les traces de leurs pas dans la carriére où ils vous appellent. Quel avantage pour vous ! Tous les chemins qui conduisent à la gloire litteraire vous sont déja preparés.

Hist. de Lorr. par D. Calmet, T. II. p. 1377. édition de 1728.

Ib. p. 1459.

Est-il aucune Science, est-il aucun Art, dont vous ne trouviez des modéles dans votre Patrie ? Et quels modéles, Messieurs ! Dans la Jurisprudence, je vois les Bourcier, les le Febvre, les Mathieu ; dans les Mathématiques, les Jean Lhoste & les Rivard ; dans le Génie, les Errard, Ingénieurs de Henri IV, les premiers qui ayent écrit des Fortifications ; dans la science des Médailles, les Charles le Poix ; dans la Méchanique, les Descamus, les Sé-

Id. p. 145.1

baſtien, de l'Académie des Sciences; dans l'Art de la Gravûre, les Callot, les Sylveſtre, les Racle, les Deruet, les Spierre, les Saint-Urbain; dans la Peinture, les Lallemand, les Bellange, les Leclerc, les Meſlin, les Gelée, les Bermand; dans la Sculpture, les Bagard, les trois Adam freres, actuellement vivans; & dans l'Art de la Fonderie, les Chaligny & les deux Cuny Commiſſaires Généraux des fontes de France.

COMBIEN d'autres exemples domeſtiques n'aurois-je pas à vous citer, MESSIEURS, pour vous porter à ſeconder les deſſeins du Roi, & pour vous engager à juſtifier l'idée avantageuſe qu'il a conçuë de vos talens.

NE craignez rien des Cenſeurs établis pour juger du mérite de vos Ouvrages; aucun d'eux ne prétend s'arroger une dictature ſur le Parnaſſe. S'ils cherchent à éclaircir, à épurer les eaux du fleuve qui l'arroſe, ce ne ſera que pour les rendre plus propres à l'accroiſſement des plantes qu'ils ſe propoſent de cultiver.

LA ſeule peine à redouter dans le ſage examen qu'on fera de vos Ouvrages; c'eſt que ceux qui n'auront point ce degré de juſteſſe & de ſolidité qui enleve les ſuffrages, ne ſeront point mis au jour; & que l'Auteur demeurant inconnu, n'aura d'autre regret que de n'avoir pas aſsés approché du point de perfection où il s'étoit propoſé d'atteindre.

CE n'eſt pourtant pas que nous ayons deſſein de rebuter tous les Ouvrages qui n'auront point concouru pour les prix. Il n'eſt guéres de productions, travaillées avec ſoin, dont les défauts ne ſoient rachetés par des beautés, comme il n'en eſt point dont les beautés ne soient mêlées de quelques défauts. Ce sera à nous, & l'ordre nous en est imposé, ce sera à nous à recueillir dans ces minéraux brûtes tous les grains d'or qui s'y trouveront, & à les mettre en œuvre, autant pour l'avantage des beaux Arts, que pour en faire honneur à celui à qui nous en serons redevables. La critique qui proscrit tout, n'enseigne rien & déconcerte; celle qui démêle & choisit, instruit autant qu'elle encourage; & c'est celle que nous adoptons.

Que vous reste-t-il donc à présent, Messieurs, qu'à orner votre Patrie par vos talens, ne fut-ce que pour vous donner plus de rélation & de rapport avec la France, dont vous devez faire un jour une des plus illustres portions? Quelle Nation fut jamais plus capable que la vôtre de réüssir dans tous les Arts, que la France chérit? Votre langue, vos mœurs, vos penchans, votre origine sont les mêmes. Vous l'égalés déja dans la tendre affection qu'elle a pour son Prince; il ne tient qu'à vous de l'égaler bientôt par la culture de l'esprit.

Quelle idée réveillai-je ici dans vos cœurs! Quel nouveau motif vous offrai-je encore de vous appliquer à l'étude! Admirateurs zélés du Prince à qui vous devez appartenir, quels efforts n'êtes-vous pas capables de faire pour être désormais plus propres à célébrer ses vertus? Nous avons vu, nous voyons encore tous les jours parmi nous une espéce de prodige. Quels Peuples ont jamais osé loüer d'autres Princes sous les yeux de leurs Rois? Et quels Rois entendirent jamais avec plus de plaisir, que le nôtre, les éloges que vous ne cessez de donner au Prince qui doit vous gouverner après lui?

Je ne m'étonne plus, Messieurs, que LOUIS soit si chéri de ses Sujets. Il est dès-à-présent l'objet de votre amour ; & de quels Peuples si éloignés ne l'est-il point, si ces Peuples ont le bonheur de le connoître ? Beaucoup de Princes ont brillé dans le monde par cette hardiesse de cœur qui fait les Héros ; combien peu se sont distingués par la hardiesse de l'esprit qui fait les grands hommes ? L'une se fait admirer sous le nom de valeur, & elle est assez rare ; l'autre, plus rare encore, est cette immuable fermeté, qui sans audace & sans orgueil, sans présomption & sans opiniâtreté, se roidit dans les disgraces, ne s'amollit point dans les succès ; & ne confondant jamais l'extraordinaire avec l'impossible, suit constamment les desseins que la raison a conçus & que les circonstances des tems ordonnent.

C'est cette vigueur de l'ame, Messieurs, qu'admirent dans LOUIS tous ceux qui ont l'honneur de l'approcher de plus près ; c'est le caractère distinctif de ce Monarque ; mais, caractère qui paroît à peine sous ce dehors simple & naturel qui lui est propre, & qui semble fuir les regards de ceux qui en sont frappés.

Quelle douce espérance pour vous, Messieurs ! Les grandes qualités de ce Prince se reproduisent tous les jours dans son Auguste Fils. J'ai vu, j'ai vu en lui le langage du sentiment, plus rare ordinairement dans les Princes, que le sentiment même. J'ai été témoin de son goût pour les Lettres : précieux augure des flateuses distinctions qu'elles doivent en attendre, & de la vive reconnoissance qu'il a droit d'en espérer.

II. DISCOURS

Par M. Thibault.

MESSIEURS,

Honoré, & tout à la fois effrayé de la présence des trois Ordres de ma Nation; pénétré d'un respect timide pour la majesté du lieu; (a) Frappé de la juste opinion de mon insuffisance,

(a) Salle de l'ancien Palais des Ducs.

ma voix aura-t-elle assez de force & de liberté pour rendre des accens proportionnés à la magnificence du grand Prince, qui vous ouvre une vaste carrière pour l'exercice de tous vos talens?

Oüi, MESSIEURS, le cœur, cette noble portion de nous-mêmes, n'a pas besoin du langage de l'esprit pour exprimer ses sentimens, & payer le tribut de ses hommages. La plus éminente qualité de l'Être par excellence consiste dans sa bonté toûjours agissante, & la moindre de nos élévations vers Lui nous en acquitte si parfaitement, qu'au moment de contracter des dettes plus considérables, il n'exige de nous dans nos actions de graces, ni le choix des expressions, ni le faste des pensées étudiées: Tel est le caractère de la Grandeur Souveraine, elle fait le bien pour le bien, sans aucun retour sur Elle-même; indépendante, elle brille assez de son propre éclat, sans en recevoir de corps étrangers.

ET qu'aurois-je à craindre, en ne vous faisant point une pompeuse énumération des libéralités d'un Prince, qui par elles, exerce un empire vraîment paternel sur ses Sujets & s'en attire un amour tout filial, mais qui n'en supporta jamais l'encens; qui par ses vertus, est au dessus des deux trônes qu'elles lui ont ménagés successivement, mais qui les prosterne sans cesse au pied des Autels que sa piété a élevés; qui, pour nous inspirer le goût du travail, croit, à l'exemple des César, des Auguste, des Charlemagne & des Charles-Quint, qu'il n'est point au dessous de la Majesté Royale de tracer de sa propre main des Ouvrages exquis en plus d'un genre, mais qui regarderoit comme un tems perdu celui que nous ferions servir à ses loüanges !

QUEL jour cependant en mérita plus que ce jour célébre, où les Sciences, les belles Lettres & les Arts trouvent en lui un Restaurateur, qui leur donne une nouvelle activité par les attraits séduisans de l'honneur & les vifs aiguillons de la récompense ?

AVOUEZ-LE, MESSIEURS, les différentes faveurs dont il vous a comblé, sembloient avoir épuisé toutes les ressources de sa tendresse: Religion affermie, (*b*) Misere soulagée, (*c*) Infirmité secouruë, (*d*) Accidens réparés, (*e*) Disette prévenuë, (*f*) Pauvres & tendres enfans éclairés, (*g*) Orphelins qui cessez de l'être, (*h*) Jeunesse illustre & malheureuse renduë à la noblesse de votre destination, (*i*) Commerçans relevés de vos disgraces, (*l*) Droits litigieux, Innocens opprimés dégagés sans frais du ténébreux labyrinthe de la chicanne, (*m*) N'êtes-vous pas, & ne serez-vous point en effet les monumens éternels d'une bonté compatissante, qui semble être l'Image vivante du Créateur & Conservateur de toutes choses ?

PEUPLE privilégié de tout tems, Sujets de tant de Souverains qui ne connurent jamais de vrai bonheur que le vôtre, il étoit sans doute réservé à celui-ci de porter sur vous des attentions

(*b*) Mission Royale.

(*c*) Aumônes publiques.

(*d*) Hôpitaux fondés, & Freres de la Charité, pour soulager les Malades dans le cours des Missions.

(*e*) Fondations pour les maladies épidémiques, les incendies & la grêle.

(*f*) Magasins de bled, en cas de disette.

(*g*) Freres de l'École Chrétienne, pour apprendre à lire, écrire & l'arithmétique aux enfans pauvres.

(*h*) Hôpital Royal pour les Orphelins.

(*i*) Douze Gentilhommes fondés à Pont-à-Mousson, avec Salle de Mathématique.

(*l*) Fondation pour les Marchands ruinés.

(*m*) Chambre des Consultations.

détaillées au-delà de vos vœux & de votre prévoyance, & après en avoir rempli la mesure, d'assurer le bien être du général ! Car tout à tous aujourd'hui, & tel que ce fleuve, qui par ses débordemens périodiques répand des sels qui fertilisent les terres qu'il arrose, votre Roi vous presse, vous invite tous de venir vous abbreuver d'une eau plus délicieuse, dont la propriété n'est pas seulement d'enrichir la raison, de régler les mœurs, de faire connoître le prix du tems, les charmes du travail, la honte de l'oisiveté, mais d'obliger la fortune, malgré ses caprices, de jetter sur vous un regard favorable, quand vous aurez été couronnés par les mains de la gloire.

PAROISSEZ donc, Habitans des Villes & de la Campagne, sortez des sombres demeures où vous étiez ignorés, & si vous brillez de quelqu'étincelle de génie, apportez dans ce Tribunal Littéraire les fruits de vos veilles laborieuses, avec cette libre confiance, que les éloges ne sont pas moins préparés à vos efforts, que les prix à vos Ouvrages: Voici le Temple, où il est permis à tout le monde de donner l'essor à son esprit, & de développer ces heureux germes ausquels il ne manquoit que la chaleur pour les mettre en action: Un nuage vous déroboit la connoissance de votre étoile, & déja je vois sortir de vos couronnes des éclats de lumiére tout prêts à dissiper le charme qui en interceptoit les benignes influences. La moindre des faveurs qui vous attendent, c'est l'entrée du jardin des Hespérides, pour y cueillir des pommes d'or, sur les lauriers mêmes qui vous doivent ceindre le front.

Manes respectables des Grands Hommes de la Lorraine, qui venez d'être évoquées de vos tombeaux pour prendre une place distinguée dans ce sanctuaire des Muses, séjour autrefois des Peres & des Héros de votre Patrie ; Sçavans & Artistes du premier ordre, animés par les seuls motifs d'une gloire pure & désintéressée, vous sçutes vous illustrer dans vos Ouvrages par la solidité & la précision, la profondeur de l'érudition & la rapidité de l'éloquence; par l'élégance du méchanisme & la facilité dans l'exécution, la délicatesse du cizeau & l'imitation de la belle nature, la noblesse de l'invention & la hardiesse du pinceau, la singularité des idées & la finesse du burin : Mais à quel point de perfection n'auriez-vous pas atteint, si dans l'origine de vos études vous eussiez eu, comme nous, le trésor toûjours ouvert d'un nouvel Ozymandias; (*n*) dans vos progrès une foule d'Émules & de Concurrens; & pour terme, un triomphe, non moins flatteur dans la République des Lettres, que l'étoit autrefois à Rome celui de l'Ovation, après avoir vaincu dans les champs de Mars?

Déesse des Sciences & des Arts qui ne vous éclipsâtes de cette Contrée que pendant les troubles qui l'agitérent, hâtez-vous donc de nous prêter des sons dignes du Prince généreux qui vous dresse un si superbe autel, ou plutôt consacrez-le vous-même pour nous à l'immortalité; & souvenez-vous, sur-tout, qu'après la perte du Prince magnanime que ses grandes destinées

(*n*) Roi d'Égypte, Fondateur de la premiére Bibliothéque en Égypte, comme le Roi de Pologne a fondé la premiére en Lorraine.

appelloient à l'Empire d'Occident, nos désirs ne pouvoient aller plus loin, que d'en retrouver un autre, qui, partagé des plus précieuses qualités du cœur & de l'esprit, commençat par donner la paix à l'Europe allarmée, pour nous associer au plus beau Royaume de l'Univers sous sa propre domination, & ensuite sous celle d'un Monarque, dont les hautes vertus & le surnom de BIEN-AIMÉ nous rappellent tous nos Maîtres.

QU'IL est tendre, MESSIEURS, ce surnom! Mais puisque les bienfaits engendrent l'amour, ne sera-ce pas caractériser le vôtre, que de surnommer votre Roy, STANISLAS LE BIENFAISANT? Joignez, unissez vos voix à la mienne, fortunés Compatriotes, pour que ce surnom si mérité, inscrit sur le marbre du frontispice de ce Lycée, fasse passer à nos derniers Neveux, dans un seul mot, la mémoire de ses établissemens multipliés, & des sentimens de tendresse & de reconnoissance qu'il grava lui-même dans nos cœurs en traits ineffaçables.

III. DISCOURS

Par M. le Comte DE TRESSAN.

ESSIEURS,

QU'IL m'eſt honorable d'acquérir aujourd'hui parmi vous le titre de Citoyen ! Qu'un titre ſi cher à mon cœur m'inſpire d'émulation ! Quels efforts ne dois-je pas faire pour me rendre digne du choix dont notre Auguſte Fondateur m'a honoré ?

L'INDULGENCE de trois célébres Académies qui m'ont adopté, ne m'aveugle point, MESSIEURS, & la reconnoiſſance que je leur dois, m'oblige à déclarer moi-même le peu de droits que j'avois à leur élection: J'ai paru désirer, avec ardeur, de profiter de la profondeur de leurs connoissances; la lecture de leurs Ouvrages a embelli tous les momens que me laissent les fonctions de mon état; j'ai osé soumettre quelques foibles Mémoires à leur Tribunal; elles ont voulu me mettre à portée de recevoir leurs instructions; c'est ainsi, MESSIEURS, que les Compagnies les plus utiles aux États florissans & paisibles, ont honoré la profession la plus nécessaire pour la défense & pour la gloire des Empires.

LE Temple, que la Majesté éléve aux Muses, vient d'être consacré par nos acclamations: Puisse cet établissement contribuer à rendre sa gloire immortelle! Hâtons-nous, MESSIEURS, de suivre l'esprit & les vûës de notre Auguste Fondateur: Et permettez-moi de commencer à remplir les fonctions du titre dont SA MAJESTÉ m'a décoré, en exposant une partie des moyens de profiter de ses bienfaits.

LA Morale a des principes certains dans les Loix que la Religion nous impose; ces Loix ne sont point arbitraires.

NOUS avons reçu, des Grecs & des Romains, celles qui doivent régner dans les belles Lettres; & ces Loix ont été suivies & constatées dans tous les Ouvrages dignes d'estime.

QU'IL seroit heureux pour les Sciences, qu'elles eussent des principes aussi universellement reconnus! Mais, lorsque nous étudions les Ouvrages qui nous restent des Anciens, malgré les beautés qu'ils renferment, ils nous inspirent une juste défiance; souvent nous y trouvons plus d'imagination & d'hypothéses que de fondemens solides, plus de subtilité & de sophismes que d'évidence; toûjours assez forts pour détruire les systêmes qui les ont précédés, ils ne prouvent que leur foiblesse dans ceux qu'ils essayent d'établir.

Un jour plus pur commença à luire dans les premiéres années du XVIe. siécle: Un Polonois (1) . . . . il est sans doute destiné, Messieurs, à cette nation courageuse & spirituelle de produire des Héros & de grands hommes dans tous les genres: Un Polonois osa imaginer de nouvelles Loix pour les Corps Célestes; le systême de Copernic fut appuyé par les travaux & les calculs de Képler, (2) & par les observations Telescopiques que fit le grand Galilée (3) des phases de Venus & des Satellites de Jupiter.

(1) Un Polonois, . . Copernic, nâquit à Thorn, il fut Chanoine dans l'Église principale de cette Ville; rebuté du systême de Ptolomée, qu'il trouvoit sans ordre, sans proportion; il chercha dans les Ouvrages des anciens Philosophes quelque idée plus vrai-semblable sur le mouvement des Corps Célestes. Il saisit la premiére dans Cicéron, qui rapporte dans ses questions Académiques, que Nicetas de Siracuse avoit enseigné que la terre tournoit autour de son axe. Il tira la seconde de Plutarque, qui rapporte que Philolaus le Pytagoricien, avoit enseigné que la terre tournoit annuellement autour du Soleil; le livre de Copernic fut imprimé en 1543; on lui apporta les premiéres épreuves peu d'heures avant sa mort. Ce systême peut remonter à une antiquité très-reculée; on voit que c'est le même que celui de Pythagore, & on sçait que ce Philosophe sublime avoit acquis des connoissances nouvelles & très-étenduës dans les longs voyages qu'il avoit fait, & dans le commerce qu'il avoit lié avec des Philosophes Chaldéens & Hyperboréens. Ce systême le plus raisonnable de tous, & le seul qui puisse être prouvé, avoit été attaqué avec fureur toutes les fois que quelque esprit méthodique & observateur en avoit osé exposer les principes; l'Évêque Vigilius en fut la victime; depuis Copernic il a été traité long-tems dans les Écoles, de systême téméraire; à la fin, son évidence l'a emporté, & ces mêmes Écoles le suivent aujourd'hui.

(2) Kepler. Il trouva par ses calculs, que toutes les planetes décrivoient des aires proportionnelles aux tems, & que leurs distances moyennes entre elles, étoient comme les racines cubiques des quarrés des tems de leurs révolutions.

(3) Galilée. Il fut le premier qui se servit des Telescopes nouvellement inventés pour les observations Astronomiques; ce fut sur la tour de Saint Marc à Venise, qu'il observa & démontra en présence du Doge, que Venus avoit des phases comme la Lune, & qu'il observa les satellites de Jupiter, ce qui confirma la solidité du systême de Copernic, & les suppositions de cet Astronome qui avoit annoncé les phases de Venus, comme existans & comme possibles à observer si les instrumens étoient perfectionnés.

LES deux plus grands Philoſophes que la France & l'Angleterre ayent élevé dans leur ſein ſuivirent le même ſiſtême ; mais les explications qu'ils en donnérent furent abſolument différentes. Deſcartes, doüé d'une imagination forte & audacieuſe, & déja vainqueur des obſcurités du Péripatétiſme (4) oſa tout haſarder, & s'écarta trop ſouvent des loix géométriques qu'il avoit établies lui-même. Le Chevalier Newton, plus ferme dans ſes principes n'oſa faire un pas ſans être appuyé par des démonſtrations, & ſans être éclairé par l'expérience; c'eſt ainſi qu'il mérite d'être ſuivi, & il n'eſt plus d'Académie en Europe, qui ne reconnoiſſe la ſageſſe & la vérité de ſes propoſitions.

CEPENDANT, MESSIEURS, quoique les travaux du Chevalier Newton nous ayent éclairé ſur le ſiſtême du Ciel, nous ne le ſommes point encore aſſez ſur les différens phénoménes de la nature, pour oſer les raporter tous à un même principe. Nous imaginons ce principe comme unique, comme univerſel, parceque l'unité dans les cauſes nous paroît la plus digne de la Toute-Puiſſance du Créateur; mais ce n'eſt que du tems & des travaux multipliés des Académies, que nous pouvons eſpérer de raſſembler une ſuite de faits aſſez nombreuſe pour en former une chaîne indiſſoluble.

VOUS êtes aujourd'hui, MESSIEURS, appellés à ce grand travail.

(4) Deſcartes attaqua les obſcures définitions d'Ariſtote, & prouva qu'elles étoient vuides d'un ſens réel, & ne faiſoient qu'embarraſſer la raiſon ſans l'éclairer; il ſubſtitua les calculs & les expériences aux hypothèſes & aux ſuppoſitions. Heureux, ſi ſon eſprit inventeur ne l'eut pas entraîné à ſortir des principes qu'il avoit établis lui-même!

QUOIQUE l'esprit des Académies soit de n'admettre aucun sistême; elles ne désaprouvent point ceux qui lient un grand nombre d'expériences & d'observations dans un ordre philosophique, & tendant à établir des généralités, pourvu que leurs conjectures, même les plus probables, ne soient pas exposées comme des assertions.

C'EST dans cet esprit que les Académies se prêtent des secours, & se rendent compte de leurs travaux, sur lesquels elles ont des droits mutuels. C'est ce lien, si respecté des Nations, & si cher aux Souverains, qui a entretenu la correspondance la plus intime entre l'Académie des Sciences de Paris & la Société Royale de Londres, même pendant la durée d'une Guerre vive & sanglante, qui n'a pu d'ailleurs qu'augmenter l'estime réciproque des deux Nations.

SUIVONS donc, MESSIEURS, la carrière que notre Fondateur vient de nous ouvrir. Répondons à la haute idée qu'il s'est faite des talens & de l'amour des Sciences, dont les Lorrains donnent si souvent des preuves. Nos premiers pas sont marqués par ses bienfaits, qu'ils le soient par un travail digne de lui plaire.

LES Sciences ne sont plus voilées aujourd'hui par ces nuages qui flattoient l'orgueil des anciens Philosophes; leurs trésors sont ouverts, & n'ont de prix qu'autant qu'ils sont utiles.

LA raison, l'expérience & l'amour que l'on doit à la société, ont banni de l'Étude de la Nature ces puissances occultes, toutes ces Sciences secrétes, ou plûtôt ces prestiges odieux qui deshonoroient les Chefs de Sectes, & qui aveugloient leurs disciples.

L'ESPRIT de toutes les Académies est de se raprocher de ceux qui aiment à partager leurs travaux. Loin d'abattre le courage de ceux qui font quelques efforts, loin de se servir de toute leur supériorité ; elles plaisent à l'esprit, l'instruisent, l'éclairent, & le ménent par des routes aussi sûres qu'agréables à la connoissance de la vérité.

IL est bien rare, MESSIEURS, que le même homme posséde tous les talens ! La nature est avare de ces hommes supérieurs, qui, tels que le Général qui commande sur nos frontiéres, joignent toutes les lumiéres que donnent les grands détails, l'expérience qui naît des grands événemens, & la ressource, & tous les dons du plus beau génie.

CE n'est que par l'examen le plus sévére de soi-même qu'on peut déterminer quel est le genre qui nous est propre. Il faut essayer ses forces, il faut surtout écouter le génie. Il ne nous trompe presque jamais, lorsque nous profitons de ses premiers essors, & que nous suivons les routes qu'il nous indique.

LES Muses, quoique sœurs, quoique égales entre elles, ont des caractéres particuliers qui les distinguent. Toujours prêtes à se prêter de la force, des graces & des secours mutuels, leurs dons, leur langage, leurs travaux sont différens : il faut éviter de les confondre.

L'ÉLOQUENCE & la Poësie doivent leurs plus grandes beautés à la justesse de la pensée, à la force & à l'énergie de l'expression ;

mais des détails trop longs, trop exacts, altéreroient la vivacité d'un feu qui s'éteint, s'il n'est toujours soutenu.

Quoique le sentiment doive être toujours d'accord avec la raison, ce n'est point dans le moment où nous jouissons du trouble agréable qu'il excite, que l'on doit s'assujettir scrupuleusement à l'ordre méthodique de l'analise & du raisonnement. Évitons sur-tout, dans ces sortes d'ouvrages, des expressions trop recherchées, des distinctions frivoles, & des réfléxions qui n'annoncent souvent que le désir de briller. Elles détruisent le vrai sublime, qui n'est touchant qu'autant qu'il est naïf, qui n'est grand que par lui-même, qui ne doit être enfin que l'expression du premier essor de l'Ame.

Il faut éviter avec le même soin de confondre l'exactitude, toujours nécessaire dans la construction, avec une tournure trop recherchée. Le désir d'exposer une pensée, & de peindre les nuances d'un sentiment d'une façon nouvelle, nous expose souvent à tomber dans l'obscurité, ou dans une affectation qu'un des plus beaux esprits de l'antiquité, que Sénéque lui-même eut à se reprocher. La justesse de l'esprit doit écarter ce que les dissertations ont d'inutile; & les définitions les plus vraies sont ordinairement les plus courtes & les moins compliquées.

Ne nous servons même, qu'avec une extrême réserve, de ces figures trop brillantes, que la Rhétorique définit, sans les conseiller ; souvent elles altérent la justesse de la pensée; quelquefois elles énervent la force du sentiment, & elles retardent toujours la vivacité des traits qui doivent frapper le cœur & la raison.

Mais, Messieurs, je ne connois point assez l'art sublime du Poëte & de l'Orateur, pour oser m'étendre davantage sur ses régles : c'est de mes Confréres que vous pouvez en espérer des préceptes, que je me ferai toujours honneur de partager avec vous.

Les Muses qui président à la Science des faits & à l'Étude de la nature, ne doivent point se parer des fleurs de leurs compagnes ; animées par le désir de faire sans cesse de nouveaux présens à la Société, ce n'est point à ces Muses à les célébrer.

Simples dans leurs expositions, fidelles dans leurs raports, patientes & scrupuleuses dans leurs expériences, occupées à simplifier leurs calculs, exactes & méthodiques dans la chaîne de leurs propositions, timides dans leurs conjectures ; ces Muses exigent de ceux qu'elles instruisent, plus de méthode & de sagesse que d'imagination, plus de candeur que de désir de briller ; c'est ainsi que la recherche & l'amour de la vérité soutiennent & animent leurs travaux ; c'est ainsi que l'utilité publique devient leur récompense.

Tels sont leurs ouvrages, leurs Loix, & leurs motifs ! Qui pouvoit mieux les connoître qu'un Souverain qui les éclaire & qui les enrichit sans cesse ! C'est des mains victorieuses du compagnon de l'Alcide du Nord que nous recevons l'équierre & le compas, qu'il a si souvent annoblis par ses travaux.

L'Edit que sa bonté paternelle & prévoyante a dicté, vous annonce, Messieurs, quel doit être l'esprit de vos Mémoires

&

& de vos recherches; nul ouvrage ne pourra concourir aux prix, & vous acquérir le droit de présider à la distribution des Couronnes, s'il n'annonce par une utilité reconnue, le caractére respectable d'un Citoyen occupé du bonheur de sa Patrie.

C'EST dans le trésor immense, que la magnificence du Roy rassemble dans son Palais, que vous allés puiser dans des sources fécondes, & recevoir en même tems le précepte & l'exemple.

C'EST dans ce dépôt sacré, que vos Neveux verront augmenter sans cesse, que vous pourrés rassembler les observations des Savans, les comparer ensemble, & vous former une idée précise & éclairée de l'esprit qui doit régner dans les sciences.

VOUS y trouverés sur tout, MESSIEURS, quelle doit être l'exactitude dans les rapports; combien il est téméraire d'en tirer trop promptement des conséquences; quelles conditions sont nécessaires pour que les détails en soient suffisans; & combien une négligence,qui, quelquefois paroît légere peut en altérer la description.

NOUS ne sommes plus dans les tems où l'imagination suffisoit pour suppléer à ces négligences, & où la crédulité recevoit des rapports dictés par l'amour du merveilleux. Presque tous les faits qui parurent des Phénoménes aux Anciens, ont perdu ce nom mistérieux. Presque tous ceux qui n'eurent que des explications forcées, sont rentrés dans l'ordre des effets naturels. Nous le devons à la sagacité & au travail constant des observateurs de nos jours.

JE crois, MESSIEURS, que rien n'est plus digne d'occuper

une partie du tems de notre premiére Séance, que l'hommage public que je vais essayer de rendre à des hommes illustres qui font tant d'honneur à leurs Patries: les louanges qui leur sont dûës nous rameneront nécessairement à celles d'un Bienfaiteur qui partage leurs travaux; & l'idée que leurs ouvrages nous donneront de la perfection dans le travail, ne peut désespérer qu'une ame commune.

QUEL Siécle fut plus fécond que le nôtre en découvertes utiles, & en observations constatées par l'aveu de l'Univers!

(5) LES insectes sont suivis dans les détails les plus intimes de leur méchanisme, de leur économie, & dans l'acte si peu connu & si mystérieux de leur génération: le fer & l'acier sont amollis, & assujettis aux formes que les besoins peuvent multiplier: l'industrie des Égiptiens; la Pourpre de Tyr; ces instrumens propres à mésurer l'état présent de l'air, la hauteur des montagnes, & ceux qui font appercevoir les plus légers changemens entre le froid & la chaleur; ces instrumens sont plus sensibles & plus exactement gradués: ce n'est, MESSIEURS, qu'une partie de ce que nous devons à cet illustre Académicien, que tout amateur de l'histoire naturelle choisiroit pour maître, & que tout homme vertueux désire pour ami.

(6) LES phénoménes de la glace & des aurores boréales ne

(5) Histoire des Insectes, par Monsieur de Reaumur. Mémoire sur la fonte du fer & de l'acier, & la maniére de les jetter en moule; par le même, l'Art de faire éclôre & d'élever les poulets comme les habitans de Bermé en Egypte. Mémoire sur le Coquillage, dont les anciens se servoient pour la teinture de pourpre. M. de Reaumur a retrouvé de ces coquillages sur les côtes du Poitou & de la Bretagne, & a découvert que la liqueur propre à la teinture réside dans deux veines blanches qu'on découvre dans le poisson après avoir cassé son coquillage avec précaution; le même a perfectionné les Thermométres & les Barométres, & les a rendu bien plus portatifs.

(6) M. d'Ortous de Mairan, Auteur de ces ouvrages, est un des quarante de l'Académie Françoise, & a été Sécrétaire perpétuel de l'Académie des Sciences, avant M. de Fouchy.

nous sont plus inconnus; le même qui nous a expliqué les loix du mouvement, le même qui rassemble tous les talens, toutes les connoissances qui peuvent briller ou instruire dans les Belles-Lettres & dans les Sciences, nous a dévoilé ces grands secrets.

(7) Nous jouissons aujourd'hui des observations pénibles & périlleuses faites au Cercle polaire & sous l'Équateur. La figure & les deux diamêtres de la Terre, sont déterminés par un travail, non-seulement indispensable pour la Navigation, mais utile également à toute la Société, puisqu'il fixe nos doutes, puisqu'il éteint de longues disputes qui déroboient un tems précieux aux Savans. Travail, qui confirmant les Propositions du Chevalier Newton, & les prouvant par l'expérience, fait partager à la Nation Françoise, l'honneur que l'Angleterre reçut de ses ouvrages.

(8) C'est à la Société Royale de Londres, c'est à un de ces grands Hommes qu'elle posséde, que nous devons une nouvelle théorie, qui doit être regardée comme une de ces heureuses découvertes qui préviennent les grandes erreurs. Quel trouble l'aberration des Etoiles fixes n'eut-elle pas porté dans tout le sistême du Ciel, si celui qui l'observa le premier, ne l'eut pas expliqué,

(7) Ces observations ont été faites au Cercle polaire par Messieurs de Maupertuis, Clairaut, le Monier & Camus, secondés par M. l'Abbé Outhier, & M. Celsius de l'Académie d'Upsal; l'amplitude des dégrés de l'équateur a été mesurée par Messieurs de la Condamine, Bouguer, Godin, de l'Académie des Sciences de Paris, & par M. de Jullieu qui en est aujourd'hui. Les résultats des deux observations, sont, que le diamétre de la terre entre deux points sous l'équateur, est à l'axe polaire comme 179. à 178. c'est-à-dire, le diamétre de l'équateur est de 6562026. toises, & l'axe polaire de 6525377. & par conséquent la terre est plus élevée sous l'équateur qu'aux poles de 18324. toises.

(8) M. Bradley est le premier qui ait observé l'aberration des étoiles fixes. Ce grand Astronome a aussi perfectionné la régle de Romer, sur le tems que la lumiére du Soleil & des Étoiles fixes, est à venir jusqu'au globe de la terre; celle du Soleil a été determinée environ à sept minutes & demie.

& n'en eut pas trouvé la raiſon dans le mouvement composé de celui de la lumiére avec celui de la Terre. Ce qui pouvoit ébranler ſur le ſiſtême reçu de Copernic, devint, dans des mains ſi habiles, une nouvelle preuve de ſon exactitude!

Il eſt preſque également honorable de découvrir de nouvelles vérités, ou d'applanir les routes qui conduiſent à celles qui ſont déja reconnuës. Le grand Newton, après avoir trouvé la ſolution des problêmes les plus difficiles, s'expliqua peu ſur la méthode dont il s'étoit ſervi; il connoiſſoit trop de quelle importance il étoit de faire travailler l'eſprit de ſes Diſciples: c'eſt ainſi qu'il les diſpoſoit à recevoir de plus fortes impreſſions des vérités qu'ils étoient obligés de trouver, & qu'il ne faiſoit preſque que leur indiquer: ſes ſectateurs ne doutoient point de la certitude de ſes propoſitions, mais il étoit important de découvrir la route qu'il avoit ſuivie, & la chaîne qui lioit ſes démonſtrations à ſes principes.

(9) C'est à ce travail utile que nous devons la découverte de pluſieurs principes généraux, qui ſervent de clef pour la ſolution d'un grand nombre de problêmes, tels que les loix de la réfraction de la lumiére, & le principe de la moindre quantité d'action, dont les loix du mouvement & du repos dans le choc des corps, ſont déduites.

(10) C'est au même déſir de rendre les Sciences moins difficiles, que nous devons la Géométrie ſimplifiée dans ſes élémens,

(9) Mrs. de Maupertuis, Fontaine, Clairaut, d'Alembert, ont trouvé ces principes généraux.

(10) Élémens de Géométrie de M. Clairaut. traité de la Dynamique par M. d'Alembert.

par un des Géométres qui en connoit le mieux toute l'immensité, & ces régles de la Dynamique, qui donnent, par les plus petits nombres, les véritables loix de l'équilibre.

(11) Nous commençons, Messieurs, à approcher avec plus de précision que jamais, des points fixes qui peuvent déterminer les longitudes ; plusieurs Mémoires sur la théorie de la Lune, augmentent tous les jours nos espérances ; leur Auteur raporte dans un Mémoire particulier, les savantes observations de l'Éclipse de 1748. Il les fit à Aberdour en Écosse. Un pareil voyage ne pouvoit étonner un des Observateurs qui avoit passé un hyver sous le Cercle Polaire. Le Président de la Société d'Édimbourg, Seigneur aussi distingué par son savoir, que par l'illustre Nom de Douglas, observoit avec lui. Ils se servirent d'un Télescope qui grossissoit six cent fois l'objet, & qui leur faisant voir par parties le corps entier de la Lune, sur le disque lumineux du Soleil, leur donna la méthode pour rectifier à l'avenir les Éclipses qui ne seront point annulaires. Ce même Télescope leur fit observer aussi que la circonscription du disque de la Lune est hérissée de montagnes & de pics, aussi faciles à reconnoître qu'une chaine de montagnes qu'on apperçoit à l'horison.

Si les observations Astronomiques & les Tables se perfectionnent tous les jours, nous le devons en partie à la précision

(11) Mémoires & observations de M. le Monier le cadet. Il partit en 1748. pour aller observer en Écosse une éclipse de Soleil qui y devoit être annulaire. Milord Morton fit les observations avec lui. Le Télescope qu'ils avoient réduit à ne grossir que six cent toises l'objet, peut les grossir jusqu'à mille ; mais alors les objets paroissent moins nets & leur circonscription est moins réguliére. Ce Télescope est un ouvrage de M. Short. Le même a fini il y a deux ans celui de Londres, qui grossit 1200. fois l'objet. Les Télescopes de cette espéce, sont de l'invention de Mr. Grégory.

des instrumens du plus habile Artiste * que la Grande-Bretagne ait produit, précision qui s'augmente encore par les estimations délicates & difficiles qu'il fait faire des changemens que ces instrumens peuvent recevoir du grand froid, ou de la chaleur.

(12) QUELLES recherches savantes & utiles n'a-t-on pas fait sur la mâture, la corderie & la manœuvre des Vaisseaux, & sur les différentes parties de l'Hydrographie Astronautique? Que de corrections importantes dans nos Cartes Marines, & dans la méthode pour faire l'estimation de la route d'un Vaisseau?

(13) Les voyageurs ne seront plus en droit de répandre un air fabuleux sur le cours de la Riviére des Amazones. Ce cours parcouru par un des Observateurs des Dégrés de l'Équateur, nous est aujourd'hui parfaitement connu, & les périls de toute espéce qu'il a franchis avec tant de courage, nous ont procuré la description la plus instructive, & la plus fidéle des Pays qui bordent ce Fleuve immense, de ses productions & de ces habitans. J'ose même ajouter que le séjour des Observateurs François dans l'Amérique, les voyages de plusieurs Navigateurs Espagnols & Portugais, & sur-tout ceux du célébre Halley, & de Mylord Georges Anson, nous ont donné une connoissance si étenduë de cette partie du Monde, qu'après l'Europe, c'est celle que nous connoissons le mieux, & de laquelle tous les points Géographiques sont les mieux déterminés.

(12) On ne peut que renvoyer aux Mémoires de l'Académie, pour l'explication de ces ouvrages ausquels plusieurs célébres Académiciens ont eu part.

(31) Mr. de la Condamine a parcouru tout le cours de la riviére des Amazones en déterminant tous les points géographiques; il a passé le Pungo, espéce de cataracte de cette riviére qui descend des Cordelieres; M. de la Condamine a donné une rélation particuliére de ce voyage, aussi instructive qu'agréable.

* Mr. Graham.

De quoi l'esprit inventeur n'est il pas capable, lorsqu'il est éclairé par une théorie savante, & soutenu par une patience & un courage inébranlables?

(14) PLUSIEURS Savans, illustrés déja par des découvertes heureuses dans la Catoptrique, osérent nier la possibilité du Miroir d'Archiméde; cependant ce même Miroir vient de nous être restitué, & peut-être même d'une façon supérieure.

(15) NOUS pouvons admirer aujourd'hui ces machines, dont l'art & le Méchanisme égalent ces Statuës de Vulcain chantées par Homére, & qui, jusqu'à nos jours, ne passoient que pour un de ces traits hardis de l'imagination, dont le Poëme Épique même n'ose que rarement se parer. Nous voyons leur Auteur diminuer aussi la main d'œuvre dans l'attelier des ouvriers, jusqu'au point de n'oser se servir de ces métiers trop ingénieux, & qui simplifient trop un travail nécessaire à l'occupation & à la subsistance d'un Peuple laborieux.

(16) L'AIMAN, cet écueil des anciens Phisiciens, cette puissance toujours éprouvée, toujours définie, & cependant si

(14) Mr. de Buffon, par le moyen de plusieurs miroirs plats, dont il rassemble les rayons réfléchis dans un foyer commun, allume des corps combustibles à 250. pieds, & fond les métaux à 140. pieds de distance. En augmentant le nombre des miroirs, on peut rendre le foyer encore plus vif & le porter plus loin.

(15) Mr. de Vaucanson a fait plusieurs Automates, & entr'autres le Satire jouant de la flute. La Ville de Lyon s'est opposée à l'établissement des métiers qu'il avoit inventés. Un enfant de quinze ans un peu intelligent, pouvoit faire travailler plusieurs métiers à la fois; & au moyen des différentes charges qu'il leur donnoit, il pouvoit augmenter ou diminuer le poids de la soye employée dans une aune d'étoffe, de trois onces au dessus, ou au dessous du poids ordinaire que lui donnent les Ouvriers.

(16) Mr. Knight, Docteur en Médecine & membre de la société de Londres, est l'inventeur des barres magnétiques & des aimans artificiels. Il m'a envoyé de Londres ses grandes barres, ses aimans artificiels, & un Aparatus pour répéter les expériences. On trouvera un détail de cette découverte dans un Mémoire inséré dans le Mercure de Février de 1750. Ce Mémoire, quoique plein de fautes d'impression, donnera une idée plus précise de cette découverte. On a eu soin d'y traduire l'extrait des transactions Philosophiques, où les expériences faites en présence de la société Royale, sont raportées.

peu connuë, même par le Restaurateur de la saine Philosophie, cet Aiman est aujourd'hui non-seulement imité, mais surpassé en force magnétique, par un célebre Membre de la Société de Londres. Les poles d'un Aiman naturel, que Rohaut assertoit être immuables, sont renversés dans un instant par le contact des poles de deux barres d'un acier parfaitement dur. La facilité de la touche de ces barres; la force (double de celle d'un Aiman naturel) qu'elles communiquent à des aiguilles de compas marins, forgées du plus dur acier, constatent l'utilité d'une aussi belle découverte.

(17) Ni les ruines de Memphis, & celles de Persépolis, qui font voir encore quelques restes des Magasins publics; ni les plus anciens gréniers qui subsistent, ne nous donnent d'autre idée de la conservation des grains, que celle d'en rassembler une quantité médiocre dans de grands espaces. Un Académicien de Paris, toujours prêt à employer & son bien & ses travaux à des découvertes utiles, vient de démontrer la facilité de conserver une quantité considérable de grains, à l'abri de l'humidité, des insectes, & des animaux nuisibles. La forme cubique des coffres qu'il a inventés, donne l'idée géométrique du peu d'espace nécessaire pour contenir des masses de grains bien supérieures à celles que renferment les gréniers les plus vastes.

CET

(17) Mr. du Hamel est l'Auteur de cet excellent Mémoire. On le trouve dans le dernier tome des Mémoires de l'Académie des Sciences pour l'année 1745 J'ai reçu l'an passé une lettre de Mr. du Hamel, qui me marque qu'il a perfectionné ce travail, dont il rendra compte dans un Mémoire particulier. J'ose dire, qu'il n'a peut-être jamais paru un Mémoire plus utile & qui soit mieux prouvé. Pour juger du peu d'espace nécessaire pour contenir le bled; qu'on imagine un coffre de douze pieds cubes; ce coffre contiendra 1628. pieds cubes de bled; & les plus vastes greniers ne les contiendroient pas; on ne peut donner que dix-huit pouces de hauteur au tas de bled des greniers.

Cet Académicien partage l'honneur de cette découverte avec un des plus illustres de l'Angleterre. La quantité de Négres qui périssoient dans les Vaisseaux envoyés en Commission pour la Traite, fit imaginer à Mr. Hales des ventilateurs qui renouvellent l'air entre les Ponts & à fond de cale ; & depuis cette découverte, plusieurs Caffriers ont porté les Négres jusqu'à la Jamaïque, sans perdre un homme dans le trajet. (18) Depuis cette invention utile, les Hôpitaux, les lieux publics, & les entonnoirs des Mines, reçoivent facilement un air salubre & renouvellé, & sont purgés d'un air usé ou corrompu, & des méphitis mortels pour les ouvriers. L'Anglois a réussi à conserver la vie des hommes ; le François à prévenir leurs besoins.

(19) Quels ouvrages immortels ne devons-nous pas à cette Famille si chére à la République de Basle, à cette Famille nombreuse qui n'a jamais produit d'hommes médiocres, & dont le nom pare la liste de l'Académie des Sciences de Paris, depuis qu'elle reçut ses Statuts, & les bienfaits d'un Grand Roi ; à cette Famille enfin, qui semblable à la fameuse Spirale logaritmique, dont Daniel Bernoully trouva les propriétés, mérite la même devise ? *Eadem mutata, resurgo.*

(18) Les Ventilateurs de Mr. Hales sont aujourd'hui fort en usage en Angleterre ; les Hollandois commencent à s'en servir, & M. Filey, Brigadier des armées du Roi & Ingénieur en chef, m'a dit en avoit trouvé de pareils dans les galeries majeures des mines de la ville de Bergopsom ; un tuyau de tole perçoit jusqu'à la superficie de la terre, & répondoit à l'ame du souflet.

(19) L'on peut voir dans les éloges des Savans de M. de Fontenelle, tout ce que les Sciences doivent au fameux Daniel Bernoully, à son frere professeur à Groningue. M. Bernoully aujourd'hui associé étranger de l'Académie des Sciences de Paris soutient dignement la réputation de ces grands Hommes. Cette famille n'est pas moins estimable par la douceur de ses mœurs, & par ses vertus, que par son savoir ; plusieurs François qui ont été travailler sous leurs yeux, ont reçu chez eux le même traitement qu'ils pouvoient espérer dans le sein de leur propre famille.

(20) Ce que le Chevalier Newton lui-même avoit regardé comme presque impossible, M. Maklaurin, Messieurs, le trouva parmi vous. Son Traité de la Géométrie Organique, ou les moyens de décrire toutes sortes de courbes par le mouvement continué, est datté de Nancy en 1722. Quelle perte pour les Sciences que ce Savant, digne d'être l'Émule du grand Newton, s'il n'eut été le plus zélé de ses sectateurs!

(21) Ce nom, Messieurs, m'invite à vous rappeller tout ce que nous devons à la Société d'Édimbourg. Cette Société, une des plus illustres de l'Europe, & à laquelle nous devons les ouvrages des Grégory, des Pitcairne, & des Mackensie, est en droit de se parer de l'ancien amour de ses Compatriotes pour les Sciences & pour les Lettres. Ce furent deux Écossois que Charlemagne choisit & appella pour les mettre à la tête de l'Université de Paris, dont il fut le Fondateur.

Eh! dans quel tems, Messieurs, la Géométrie & les Mathématiques nous ont-elles mieux prouvé leur utilité? Leur objet étant de travailler sans cesse pour la Société; de quel prix ne sont-elles pas pour nous, lorsqu'elles sont utiles à la conservation des hommes, & à la gloire des Armes d'un grand Roi, qui a pour vous les mêmes sentimens que votre Souverain?

(20) M. Maklaurin a demeuré plusieures années à Nancy, & c'est dans cette ville qu'il a composé son traité intitulé *Geometria Organica sive curvarum linearum descriptio universalis.*

(21) On ne peut mieux comparer la famille de Mrs. Grégori qu'à celle de Mrs. Bernoully, les Sciences leurs doivent autant de reconnoissance; M. Pitcairne étoit un fameux Docteur en Médecine, Président de la Société royale des Médecins; Milord Cromarty, & le Chevalier Mackensie de la même maison, se sont distingués par leurs découvertes dans l'histoire naturelle; le Chevalier Mackensie ne s'est pas moins illustré comme grand Jurisconsulte.

LES plus fortes Places ont à peine résisté aux efforts réunis du grand art du Génie & de l'Artillerie ; la longueur des Siéges n'a point émoussé la tête de nos Armées ; & ces efforts communs ont préparé en peu de jours à nos Troupes d'élite les moyens de signaler utilement leur valeur.

(22) QUEL beau jour le Chef respectable de l'Artillerie Françoise n'a-t-il pas porté dans la théorie si profonde, & si périlleuse à acquérir des explosions de la poudre, & des excavations paraboloïques des Mines ? Le Traité qui nous les définit, montre la possibilité de faire sauter jusqu'à neuf fois le même point d'un Glacis ou d'une Contrescarpe, & prouve également la profondeur du Géométre, & l'expérience de l'homme de Guerre. Ce Traité trop concis par le plaisir qu'on goute à le lire, mais plein, instructif, & pressant pour la raison, est un modéle de précision dans les détails, & de justesse dans les conséquences.

(23) MAIS, MESSIEURS, quel spectacle intéressant attache ici nos regards ? Quel honneur pour ceux qui font l'application de la Géométrie aux Méchaniques & aux travaux publics ? Les bords de la Meurthe voyent passer le gouvernail de Typhis dans des mains accoutumées à tenir celui des Empires ; la force d'inertie des poids immenses que renferment ces vastes bâtimens

(22) Mrs. d'Aumale & de Gordon, Lieutenans généraux & Directeurs des fortifications, ont conduit les siéges de la derniére guerre ; Mrs. de Valiére pere & fils, Lieutenans généraux des Armées du Roy & de l'Artillerie, ont commandé celle de tous ces siéges ; ce dernier a été fait Lieutenant-général à 30 ans. Le traité de M. de Valiere le pere, sur les excavations paraboloïques des Mines, se trouve à la fin du troisiéme Tome des Comentaires sur Polybe ; on le trouve aussi dans les Mémoires de M. de St. Remy.

(23) Machine ou batteau composé de l'invention de Sa Majesté Polonoise ; toute la ville de Nancy a vû ce batteau remorquer contre le courant par le travail de cinq hommes : trois batteaux de transport chargés de pierres de taille du poids d'environ de 200000. livres.

qui portent l'abondance dans les Villes, la force vive des Courans les plus rapides; tous ces obſtacles combinés vont être ſurmontés par une machine auſſi ſimple qu'ingénieuſe; les frais de tranſport feront diminués, les difficultés & la perte du tems, inévitables dans le paſſage des Ponts, ne ſubſiſteront plus.

Un autre ſpectacle attache nos regards dans ces jardins, auſſi ſuperbes que variés, où tout ce qui caractériſe le bon goût des Européens & des Orientaux ſe trouve raſſemblé.

(24) Les habitans d'un Village des Montagnes des Voſges, y paroiſſent occupés par les travaux de la Campagne, & par les ſoins du Ménage; toutes les expreſſions ſont vives, les attitudes ſont juſtes, les mouvemens imitent ceux de la nature avec fidélité: chaque ſpectateur eſt ému en les voyant, & forme des réflexions différentes. Le Villageois eſt enchanté de ſe voir placé dans l'enceinte des Palais du Pere du peuple; le Courtiſan joüit d'un ſpectacle agréable, & réfléchit (peut-être en ſoupirant) à l'innocence & à la ſimplicité de mœurs que ce village lui rappelle. Le Savant admire, & l'eſprit attaché dans une méditation profonde, il cherche à pénétrer quel eſt le nœud qui forme les accords des forces mouvantes, & de celles de la chûte des eaux pour faire agir tant de reſſorts cachés?

La ſuite de ce diſcours, Messieurs, m'oblige à quitter ces images agréables; je dois vous rappeller une partie des Ouvrages qui traitent du grand Art de guérir, & que notre ſiécle a vû naître.

(24) Figures mouvantes par la chûte des eaux, & la multiplication & l'accord des rouës, placés dans les Jardins de Lunéville, de l'invention de Sa Majeſté.

La France, la Grande Bretagne & l'Italie, trouvent de dignes successeurs des du Verney, des Harvée, & des Malpighi, dans MM. Winslow, Monro & Morgagny.

L'Anatomie, cette science si inépuisable, forma de tous les tems de grands Émules dans Paris; depuis la perte de M. Hunault, nous désirons que M. Ferrein en puisse trouver de dignes d'être les siens.

(25) C'est à l'Auteur profond de l'Histoire du Cœur, que nous devons les savans Commentaires des Ouvrages d'Heister & de Sthal; & ces Commentaires nous prouvent qu'il n'est point de matiére où l'éloquence soit étrangére, lorsqu'elle ne paroît que pour rendre les images plus frappantes, & entraîner les esprits à la conviction.

Avec quelle confiance, sur-tout, ne devons nous pas lire ces écrits, qu'on doit regarder comme un nouveau bienfait de la Divinité? Ces écrits du grand Bohérave, source toûjours pure, toûjours féconde, qui devient pour nous le code de la science qu'il a enrichie & perfectionnée.

On n'essaya d'abord les injections que comme une nouvelle preuve de la circulation: Mais quels prodiges ne sont pas sortis des mains savantes des Ruischs & des Hunault? Les traits défigurés par la pâleur de la mort, & par l'affaissement des muscles & des vaisseaux, ont repris leurs contours, leurs couleurs & même

(25) Mr. de Senac, Médecin Consultant du Roi.

leur beauté; toutes les parties intérieures du corps injectées par le même Art, sont devenuës des espéces de Cartes de l'Angiologie, ussi durables que fidéles.

Que de nouvelles découvertes pour la cure de plusieurs blessures qu'on regardoit comme mortelles? Quelle multiplicité d'instrumens inventés par MM. Morand, Chefelden, le Cat & le Dran, pour faciliter & assurer le succès des opérations? Quelles ressources n'ont-ils pas trouvé pour guérir ces maux invétérés, ces gangrénes séches qu'on regardoit comme incurables.

(26) L'Académie de Chirurgie commise à la direction de cet Homme si cher aux armées Françoises & Angloises, annonce par ses écrits & par ses succès, combien il est essentiel de joindre la profonde Théorie à une suite de vérités, qu'on ne peut reconnoître que pas à pas par l'expérience.

C'est dans la Préface du premier Recueïl de ses Observations, que son Sécrétaire perpétuel attaqua l'ignorance avec toute la force, & les mêmes lumiéres qui lui dictérent son Traité de l'Œconomie animale; c'est-là qu'il fait sentir toute la nécessité des principes, & qu'il démasque les honteux prestiges que la paresse & le peu d'élévation de l'ame osent faire valoir: Il y prouve, par une démonstration rigoureuse, que le seul moyen d'acquérir une expérience raisonnée, c'est de préparer ses yeux à en recevoir la lumiére, en commençant par remplir & éclairer son esprit.

(25) Mr. de la Martiniere, premier Chirurgien du Roy. La Préface du premier Recueil des Observations de l'Académie de Chirurgie, est de Mr. Quesnay, aujourd'hui Médecin Consultant de Sa Majesté Très-Chrétienne.

(27) Tout Phyſicien qui connoîtra combien les principes des corps peuvent être changés, ou du moins altérés par l'action du feu, conviendra de l'utilité de l'invention de la Chymie Hydraulique. Il eſt certain que les ſels mixtes & réünis aux ſouphres naturels des corps qui ont été triturés, conſervent ſous le plus petit volume poſſible tout ce que ces corps contenoient de plus eſſentiel & de plus actif. Malheureuſement, les grands bâtimens néceſſaires pour contenir les fourneaux d'évaporation, la multiplicité de ceux qui y doivent travailler, & la longueur des procédés, rendent cette nouvelle pratique difficile à ſuivre.

Je vais, Messieurs, entrer dans quelques détails d'une des parties de la Phyſique, qui doit être aujourd'hui la plus intéreſſante pour vous: Vous habitez un des Pays de l'Univers le plus fécond en mines, en pétrifications, en minéraux & en foſſiles de toutes eſpéces: Une multiplicité de corps marins ſi prodigieuſe, que l'examen ſeul peut la rendre croyable, couvre les ſommets des montagnes qui couronnent les bords de la Meuſe, de la Seille, de la Meurthe, de la Moſelle & du Madon. Ces mêmes corps marins ſe trouvent mêlés dans la ſubſtance des dix & douze premiéres couches des terrains de la Lorraine. Leur diſſolution pa-

(17) Traité de la Chymie Hydraulique du Comte de la Garaie. Pour extraire les ſels réünis aux ſouphres d'une plante, on hache un peu la plante, on la met dans un vaſe de terre fort long; une roue fait tourner quatre moulinets qui ſont inſérés dans quatre vaſes différens; ces moulinets battent l'eau qui eſt dans ces vaſes avec beaucoup de force, & cette opération s'appelle Triturer. On triture plus ou moins de tems les corps renfermés dans les vaſes, ſelon leur dureté & leur tenacité. On les réduit enfin dans une eſpéce de bouillie flotante dans l'eau, qui paroît teinte alors de la couleur du corps trituré. On paſſe juſqu'à deux ou trois fois cette eau imprégnée. On la fait évaporer enſuite à un feu extrêmement doux, juſqu'à ſiccité; alors on recueille un eſpéce de ſel onctueux, qui retient ſi bien les principes du corps trituré, qu'on peut faire de l'eau de framboiſe & de la limonade avec ces ſels, qui n'ont rien perdu, ni de la ſaveur, ni du parfum de pareils fruits qui ont été triturés.

roît ſervir à la compoſition de pluſieurs maſſes différentes. C'eſt à vous, MESSIEURS, à examiner ces différens tréſors de l'Hiſtoire Naturelle, qui peuvent en devenir de réels pour vous. Songez, MESSIEURS, que bientôt les Académies de l'Europe ſeront en droit de vous demander compte de vos obſervations. Ce travail leur eſt d'autant plus néceſſaire, que juſqu'ici ces tréſors ont été négligés. A peine connoît-on un petit nombre de mines dans les Vôges, & cependant elles n'ont preſque point de montagnes qui n'en préſentent les apparences. A peine même les eaux thermales de vos frontiéres ſont-elles ſuffiſamment éprouvées & connuës ; cependant, je rends juſtice aux ſavans Traités qui ont paru depuis peu d'années ſur les eaux de Plombiéres & ſur celles de Buſſang. (28) Permettez-moi de vous dire encore, que la Botanique juſqu'ici ſemble avoir été négligée dans ces Pays où elle offre tant de variétés & de richeſſes, & nous attendons avec impatience le fruit des travaux de M. Marquet, & des recherches de ce ſavant Médecin qui doit nous être ſi cher, puiſqu'il veille à la conſervation d'une vie qui nous eſt auſſi précieuſe qu'elle eſt belle. (29).

OUI, MESSIEURS, j'oſe eſpérer que les Académies des Sciences de l'Europe vous devront bientôt des Ouvrages, auſſi eſtimables que ceux dont votre Nation a ſi ſouvent enrichi les Belles-Lettres :

(28) Traité de Dom Calmet, Abbé de Senones, & de Mr. le Maire, Médecin de Remiremont, & de la Société des Savans d'Allemagne.

(29) Mr. Caſtres, premier Médecin de Sa Majeſté Polonoiſe.

Lettres: L'esprit, le goût, les talens, si communs parmi vous, doivent tout embrasser!

Eh! comment pourrois-je douter de vos succès, lorsque je connois par moi-même combien l'amour des sciences & le goût des observations est aujourd'hui répandu parmi vous; lorsque je vois des personnes d'une naissance illustre s'en occuper, & de riches particuliers, choisir pour état, l'étude, l'amour & la culture des sciences?

Je dois ajoûter ici, Messieurs, que la partie des mines a été si long-tems négligée en France, comme dans ces Pays-ci, que ce n'est que depuis peu d'années que quelques particuliers, qui en possédent dans leurs terreins, ont commencé à en demander les concessions. Il semble que ces Nations guerriéres se soient contentées de retirer des entrailles de la terre le seul métal propre à former des armes & les instrumens du labourage.

On n'avoit point encore traduit en notre langue plusieurs Ouvrages précieux sur l'exploitation des mines, & même sur d'autres parties de la Chymie, tels que les Ouvrages du célébre Hoffman. L'Allemagne jouïssoit presque seule du travail de ces grands hommes, & leurs disciples jouïssent encore aujourd'hui des concessions de la plus grande partie des mines de la France & de la Lorraine.

Ce n'est que depuis quelques années que nous commençons à sentir tout l'avantage que nous pouvons retirer de plusieurs

Ouvrages écrits en Allemand; & tous les jours nous voyons augmenter le nombre des Traductions qu'on en fait. Un Académicien de Paris (30) recommandable par plusieurs Traités utiles & par ses savantes recherches sur les teintures, vient de traduire le Traité de M. Schleuter sur les mines, & y a joint les Commentaires les plus instructifs pour perfectionner l'art des épreuves & de la fonte des métaux; & nous espérons partager bientôt avec l'Allemagne, tous les travaux utiles & profonds des grands hommes qu'elle a produit.

L'Étude de l'Histoire Naturelle, Messieurs, a trop de charmes pour ceux dont elle embellit les jours, pour qu'il ne soit pas dangereux de se laisser entraîner à la séduction des apparences, & de tomber dans des écueils qu'il est important d'éviter.

L'Histoire Naturelle, soumise aujourd'hui à l'exactitude la plus sévére dans ses observations & dans ses rapports, a perdu sans doute beaucoup de faits qui en ont été rejettés; mais ces prétendus faits n'existoient que dans l'imagination séduite de quelques anciens Auteurs, & dans les compilations méprisables de ceux qui les ont lâchement suivis, plutôt que de répeter un examen nécessaire.

Les jours d'erreur sont passés! & le grand Livre de la Nature a fourni en abondance de quoi réparer ces pertes aux Observateurs de nos jours.

Nous pouvons jouïr sans crainte des richesses qui nous sont

(30) Mr. Hellot, de l'Académie des Sciences de Paris.

prodiguées par MM. les Marquis Poleny & Maffey, par M. Bianchiny, & par MM. Mead, Hill & Trembley.

NOUS pouvons reconnoître avec plus de facilité que jamais, les familles des Plantes, dans le bel ordre que leur ont donné les ſavans Profeſſeurs du Jardin Royal de Paris (31), & ces Botaniſtes vraiment Phyſiciens, qui ont ſçu ſoumettre à l'expérience, & diſtinguer par le moyen des différentes glandes, des différens filets, & par leur texture intérieure, les familles des plantes qui ne l'étoient encore que par la nomenclature (32). Cet ordre enrichi de leurs découvertes, ne ſouffre plus ces eſpéces d'uſurpations que d'anciens Botaniſtes s'étoient cru en droit de faire ſur des corps de nature abſolument différente, & que le plus célébre du dernier ſiécle avoit porté juſques dans le régne minéral, dans les pétrifications, & dans pluſieurs familles de Coquillages, tels que les Coraux & les Coralloïdes de différentes eſpéces.

LA Société Royale de Montpellier, MESSIEURS, cette digne ſœur de l'Académie des Sciences de Paris . . . (Ce nom ſeul doit vous rappeller tout ce que la Médecine & la Chirurgie doivent aux grands hommes qu'elle donne à l'Europe, & ſur-tout à ceux (33) qui joignant à la profondeur de la ſcience, le courage héroïque qu'inſpire la Religion & l'amour de la Patrie, volé-

(31) Meſſieurs de Juſſieu.

(32) Mémoire de Mr. Quetard, de l'Académie des Sciences de Paris, Médecin de Son Alteſſe, Monſeigneur le Duc d'Orléans; ce Mémoire eſt dans le dernier tome des Mémoires de l'Académie pour l'année 1745.

(33) Mr. Chicoyneau, premier Médecin de Sa Majeſté Très-Chrétiene, Mr. Gervaſi & pluſieurs autres fameux Médecins.

rent pour ſecourir des malheureux, & braverent la mort la plus affreuſe ſur les bords déſolés de la Provence.) Cette ſociété a ſouvent enrichi l'Hiſtoire Naturelle par des découvertes heureuſes. Un illuſtre Magiſtrat, (34) vivement perſuadé que toutes les productions de la nature doivent entrer dans l'ordre des bienfaits que l'homme a reçu du Créateur, eſt parvenu à rendre utiles ces fruits abondans aujourd'hui (quoique jadis étrangers à nos climats) que leur amertume faiſoit rejetter. Il a même réuſſi à employer utilement le travail de quelques inſectes, qui juſqu'au tems de ſes expériences n'étoient regardés qu'avec horreur.

Nous admirions en ſilence ces Agathes herboriſées, ces Cailloux d'Égypte & de Florence, & ces eſpéces d'Ardoiſes brunes & feüilletées, connuës ſous le nom de Dendrites, ſur leſquelles on apperçoit des deſſeins preſque égaux à ceux qui ſeroient tracés par une main habile & légére. M. l'Abbé de Sauvages vient d'enrichir nos Mémoires d'une explication trop ſatisfaiſante pour ne pas enlever les Dendrites à la claſſe des Phénoménes, en les comprenant dans celles des pétrifications les mieux reconnuës par les Obſervateurs.

Il n'eſt point d'Amateur de l'Hiſtoire Naturelle, qui ne puiſſe tirer de nouvelles lumiéres de cet Ouvrage, (35) qui nous donne la deſcription des richeſſes des Cabinets du Jardin Royal de Paris.

(34) Mr. Bon, Premier Préſident de Montpellier, Conſeiller d'État.

(35) L'Hiſtoire Naturelle de Mr. de Buffon; le diſcours préliminaire ſur la maniére d'étudier l'Hiſtoire Naturelle, eſt un chef-d'œuvre, & pour l'éloquence & pour la ſûreté de la méthode qu'il indique.

On y trouve le précepte & l'exemple de la méthode la plus précise pour l'exactitude des observations & pour les rassembler dans l'ordre le plus digne d'un vrai Physicien. Cette Histoire Naturelle, dont tout le monde est à portée de reconnoître les détails, est liée par une suite d'idées Philosophiques, lesquelles sans établir de généralité dans les causes, s'élévent aussi haut qu'il est permis d'atteindre à l'esprit humain.

L'ANGLETERRE, féconde & heureuse à réparer ses pertes, jouït des lumiéres qu'elle reçut des expériences du fameux Robert Boyle, & en voït répêter tous les jours d'aussi délicates, d'aussi décisives par les travaux & par les soins du Président de la Société Royale. C'est sous les yeux de ce digne successeur du Chevalier Sloane & du Chevalier Newton, que celles de Mr. Jurin ont été exécutées. Ces expériences ont été jugées dignes d'être jointes aux leçons de Physique expérimentale de feu Mr. Cotes; & le tout ensemble forme un recueïl, qu'un savant Académicien de Paris s'est fait honneur de traduire lui-même.

RIEN n'est plus honorable, sans doute, pour les deux Nations, que l'empressement avec lequel elles traduisent réciproquement leurs Ouvrages. Mais quelle idée le nom de certains Traducteurs ne doit-il pas ajoûter à celle que le nom de l'Auteur a déja fait concevoir? Tel est ce célébre Ouvrage de M. Hales (36) cette Statique des Végétaux; un des Savans le plus capable d'en avoir été l'Auteur, s'est empresśé de le traduire.

(36) La Statique des Végetaux, par M. Hales, traduite par M. de Buffon.

Qu'il me soit permis, Messieurs, dans un lieu également consacré aux Sciences & aux Belles-Letrres, de quitter un moment mon principal objet, & de vous rappeller que c'est ainsi que les Ouvrages de Milton, de Pope, (37) & en dernier lieu l'esprit du Patriotisme ont été traduits.

Que ne m'est-il permis aussi de rendre un hommage public au Traducteur de la Voix libre du Citoyen, (38), de cet Ouvrage qui nous rappelle, & les maximes, & les sentimens épurés de Marc-Auréle, & l'éloquence naturelle & l'élévation d'ame de César, mais de César Vainqueur des Gaules, & alors le Citoyen le plus illustre & le plus fidéle de la République?

Une célébre Compagnie, juge souveraine du bon goût, de l'éloquence & de la belle Littérature, s'est toûjours empressée d'élire ceux qui ont soumis le feu d'un beau génie à nous donner des Traductions aussi utiles que fidéles, lorsque les Traductions rendent graces pour graces, beautés pour beautés; lorsque par des expressions égales en force, elles conservent le caractére d'un Ouvrage & de son Auteur; le Traducteur qui atteint à la perfection de cet Art, s'éléve à côté de celui qui a mérité les premiers applaudissemens, & doit espérer d'être bientôt assis parmi les Juges éclairés des Ouvrages qui peuvent faire honneur à leur siécle.

Sans doute, Messieurs, & nous devons aimer à le croire,

(37) Milton, traduit par M. Dupré de Saint-Maur; Pope, traduit par Mr. l'Abbé du Renel; l'Esprit du Patriotisme, traduit par Mr. le Comte de Bissy.

(38) La Voix libre du Citoyen, traduction de M. le Chevalier de Solignac; le respect me défend de nommer un Auteur que le cœur & l'esprit aiment également à deviner & à reconnoître.

cette même Compagnie s'est-elle souvent plainte en secret de la sévérité de ses loix, qui ne lui permettent pas de s'associer un sexe spirituel & aimable? Combien de fois n'a-t-elle pas dû regretter de ne pouvoir parer sa liste de ces noms immortels, des noms des Lafayette, des Deshoullière, des Sevigné & des Lambert? Regrets que l'estimable Auteur de Cénie renouvelle aujourd'hui: Regrets qu'une Dame illustre, & qui portoit un nom si cher & si respectable à la Lorraine, inspira tant de fois aux Académies des Sciences. Nous la pleurons, MESSIEURS, & les Muses la pleurent avec nous. Nous l'avons vû s'élever vers la région du feu & de la lumiére comme vers sa sphere naturelle; nous l'avons entenduë préparer à un fils, alors enfant (39), mais dont elle connoissoit l'esprit & prévoyoit les talens, des instructions que toute l'Europe partage avec lui. Nous sommes prêts de jouïr de son dernier ouvrage; elle venoit de traduire Newton, lorsque la mort nous l'enleva. Eh! quel génie étoit plus capable de suivre toute l'étenduë des idées de ce grand Philosophe? Quel esprit Géométrique pouvoit mieux nous faire sentir toute la force de ses démonstrations? Quelle justesse, quelle clarté dans la façon de s'exprimer pouvoit rendre ces démonstrations plus lumineuses?

(39) M. le Comte de Lomont, Colonel du Régiment de Quercy, & qui a servi toute la guerre, n'avoit qu'onze ans lorsque les Institutions Physiques de feuë Madame la Marquise du Châtelet parurent. On peut voir dans la Généalogie de la Maison du Châtelet, rassemblée par Dom Calmet, Abbé de Senones, qu'elle descend de Thiery d'Enfer, fils de Ferry de Bitche, second fils de Mathieu I. Duc de Lorraine, en 1140. Madame la Marquise du Châtelet avoit achevé peu de tems avant sa mort une Traduction des Ouvrages du Chevalier Newton; cette Traducti on est actuellement sous presse; on connoît la Dissertion de la même sur la nature du feu,

JE passe sous silence, MESSIEURS, un grand nombre de découvertes utiles, & je crois devoir finir par celles que l'Europe s'occupe à multiplier pour la connoissance de l'électricité.

QUELQUE féconde que soit l'électricité en phénoménes, malgré la contrariété apparente de ses expériences, malgré l'impossibilité de soumettre sa vélocité au calcul, cette espéce de Prothée commence à nous prouver son utilité.

QUELQUES espéces de paralisies, plusieurs maladies des muscles & du genre nerveux, ont reçu des soulagemens très-prompts & mêmes durables; on connoit sa puissance pour augmenter la transpiration; il est prouvé qu'elle accélere la végétation des plantes, & plusieurs cures opérées (40) à Genêve, à Pezenas, à Roüen & à Lyon, constatent, avec autenticité, quelle peut être son utilité réelle, lorsque ses effets seront dirigés par des mains habiles.

C'EST à M. Nolet, à M. Muschenbroek, à M. Bose de Wittemberg & à M. Welsson, que nous devons plusieurs expériences nouvelles; celles d'Hauxbée & de MM. Gray & du Fay, les avoient précédées, & le tout ensemble forme un corps d'expériences fidéles, qui n'ouvrent qu'un champ trop vaste aux conjectures.

UN instrument exact & propre à nous donner la mesure de l'intensité de cet être subtil, sembloit devoir inspirer plus de crain-

(40) A Genêve, par Mr. Jallabert; à Pezenas, par Mr. Daydé; à Lyon, par Mr. Pestalozzy; à Rouen, par Mr. le Cat.

te que d'émulation pour l'entreprendre ; cependant MM. d'Arcy & le Roy, ont réussi à perfectionner un Électromètre.

Je n'ose qu'à peine, Messieurs, suivre dans ce moment les mouvemens de mon cœur, & rendre à MM. Watson & Ellicott, de la Société Royale de Londres, ce que je crois dû à leurs travaux. J'ai lieu de craindre que cet hommage ne paroisse intéressé ; on me soupçonnera, peut-être, de désirer qu'une partie de leur gloire rejaillisse sur moi-même.

Mes deux Confreres ont prouvé à l'Angleterre que l'électricité a les propriétés du feu, de la lumiére & du mouvement ; & sans nous être communiqué nos idées, nos expériences, nos conjectures furent les mêmes ; & nous crûmes reconnoître dans l'électricité ce feu élémentaire si savament défini dans les élémens Chymiques de Boherave.

Les expériences assiduës, pénibles même (si en effet il en est de telles pour quiconque désire d'être éclairé) ces expériences répétées avec constance pendant trois ans, m'ont paru suffire à peine pour établir quelque probabilité dans mes opinions ; elles me mettent en droit, Messieurs, de vous représenter une partie des écueils que l'on trouve dans toutes celles qui sont délicates & difficiles.

Quiconque connoîtra celles de l'électricité, doit savoir que deux Obſervateurs (même de bonne-foi) peuvent voir des effets absolument différens dans une expérience, qui cependant leur paroîtra la même.

L'ATTRACTION ſe change ſubitement en répulſion; cette répulſion eſt ſouvent ſuivie par un autre phénoméne, ſouvent même des corps fort minces, qui préſentent une certaine ſuperficie, où des corps longs & légers éprouvent à la fois l'effet de deux puiſſances contraires.

LA raiſon ſeule, la candeur, l'amour de la vérité, peuvent juger ſainement de ces différens effets; mais ſouvent l'eſprit de parti répand l'illuſion, ſouvent on ne veut voir que ce qui nous favoriſe, & on prend pour des accidens tout ce qui paroît contraire à notre opinion.

CES mêmes expériences, ſur l'électricité, m'obligent encore à vous repréſenter, MESSIEURS, que c'eſt en vain qu'on oſeroit prétendre au nom de Phyſicien, ſi on n'a pas fait encore une étude ſuivie de la nature du feu, ou du moins des effets qu'il nous fait voir.

CE feu, ſi néceſſaire dans la nature, mais toûjours dangereux dans les opérations où l'on multiplie ſa force; ce feu diviſe & réünit, volatiliſe & condenſe; il adoucit une matiére en la purgeant d'un ferment pernicieux, où en émouſſant ſes acides, il en ſublime une autre qui étoit douce & insipide, & la rend caustique & corrosive; prompt dans tous ses effets, & donnant sans cesse de nouvelles modifications à la matiére : Qui peut se répondre de savoir gouverner cet être qui renferme en lui l'embrâsement, la lumiére & le mouvement?

QUOIQUE ces propriétés paroissent distinctes, peut-on se refuser à reconnoître qu'elles sont identiques à un même être, ou plutôt ne sont qu'un seul & même être sous différentes dénominations?

QUEL beau jour les expériences de l'électricité ne répandent-elles pas dans la recherche de la nature de cet être, que Bohérave définit sous le nom d'*Ignis Elementaris?*

C'EST ce feu, dans lequel tous les corps sont immergés, qui les pénétre si intimement, qu'il se fait reconnoître pour le milieu subtil des plus petites molecules de la matiére; ce feu enfin, qui bien différent de celui que Descartes ne reconnoît qu'à l'embrâsement & à la chaleur, remplit tout l'Atmosphere Solaire, & dont les faisceaux coniques, composés de rayons droits, suivent dans leur progression la loi inverse du quarré des distances du centre de leur foyer.

SI les Sciences ont fait de si grands progrès dans notre siécle, il n'en est point aussi, MESSIEURS, dans lequel les Savans ayent reçu plus d'honneur & de bienfaits des Souverains.

Les cendres du grand Newton & de Pope reposent dans le tombeau des Rois. Un talent, un mérite réel dans la grande Bretagne, est le premier des titres pour prétendre aux grandes récompenses. Chaque pouvoir est distinct, & a ses limites dans les trois Royaumes; celui des Sciences & de la Philosophie, est le seul qui n'en reconnoisse point.

L'Académie de Berlin, illustrée par ses premiers travaux & par les prodiges qu'enfante l'Art profond & jadis si mistérieux de la Chymie, cette Académie jouïssoit en silence de ses premiers succès, lorsqu'un Roi, né pour animer toutes les professions, lui rendit sa premiére splendeur.

Connoissant le pouvoir de l'exemple, sur-tout lorsqu'on le reçoit de son Maître, il ranima l'émulation de ses Sujets par des Ouvrages qui caractérisent également la Majesté du Souverain, la sagesse du Législateur & la profondeur du Philosophe; ce Roi, le Miltiades & le Solon du Nord, agit, écrivit & parla, & bien-tôt une Armée, une Académie & un nouveau Code de Loix, annoncerent & sa haute sagesse & sa puissance.

Si toutes les Académies ne se regardoient pas comme Sœurs & n'en avoient pas les sentimens mutuels; un François, quoiqu'ayant l'honneur d'être Membre de celle de Berlin, pourroit il parler de la gloire qu'elle acquiert tous les jours, ſans exprimer quelques regrets? L'illuſtre Préſident de cette Académie, fut élevé dans le ſein de celle de Paris: Mais ne ſerions nous pas injuſtes d'envier M. de Maupertuis à la Pruſſe? Nous conſervons avec lui une correſpondance intime; nos Mémoires ſont enrichis de ſes travaux, & nous ſommes prêts à jouïr de ceux de M. de Formey.

Le *Proſpectus* de l'Encyclopédie annonce tout ce que ce Recueil devra à M. de Formey, & ce nom, joint à ceux des deux Auteurs (41) qui dirigent & raſſemblent les parties de cet important Ouvrage, doit nous en faire concevoir la plus haute eſpérance.

L'Académie de Peterſbourg conſerve pour M. Euler les mêmes ſentimens que celle de Paris pour M. de Maupertuis: Mais! quelle eſt la Société de Gens de Lettres qui pourroit regretter de payer ce tribut, quelque précieux qu'il ſoit, au Monarque qui rend ces grands hommes heureux par ſa préſence & par ſes bienfaits?

La mort de M. Celſius nous fut auſſi ſenſible qu'à l'Académie d'Upſal; il avoit partagé les travaux des Obſervateurs Fran-

(41) Mr. de Formey eſt Sécrétaire perpétuel de l'Académie Royale des Sciences & Belles-Lettres de Berlin. Meſſieurs d'Alembert & Diderot ſont ceux qui raſſemblent les différentes parties de l'Encyclopédie.

çois dans les climats glacés de la Laponie. Tel est l'esprit des Académies de l'Europe, MESSIEURS ; la recherche & l'amour de la vérité, bannissent d'entre elles tout sentiment de rivalité en animant toûjours celui de l'émulation.

TELS sont les trésors Littéraires, ils sont connus à toutes les Nations, à tout homme qui pense, à tout génie laborieux & élevé ; c'est la seule image réelle qui nous reste de ce siécle de Rhée, de ce siécle trop fabuleux, où l'amour de la propriété n'avoit point encore rendu les passions nuisibles.

C'EST un lien qui réünit les Nations les plus éloignées, & qui établit les droits de la fraternité entre les habitans des deux zônes différentes. C'est ce lien, MESSIEURS, qui par tous les avantages dont il nous fait jouïr, doit nous rendre toûjours empressés à recevoir la vérité, même des mains les plus foibles. Il doit surtout détruire un vain amour propre, le plus cruel ennemi des graces, de la raison & du progrès des Sciences.

QUOIQUE l'établissement que SA MAJESTÉ fait aujourd'hui, MESSIEURS, ne porte point le nom d'Académie, nous allons jouïr des mêmes avantages ; il n'en est aucune qui ait une origine plus illustre. Fondés par un Grand Roi, éclairés par ses regards, enrichis par ses dons : Quels reproches n'aurions nous pas à nous faire, si nous ne nous élevions jusqu'à surpasser ses efpérances, & jusqu'à la réputation des Sociétés les plus célébres?

SOYEZ sûrs, MESSIEURS, que toutes ces Sociétés frappées de la Majesté de votre Fondateur, vont également aimer & respecter son ouvrage; elles se rappelleront avec ce plaisir, qui n'est sensible qu'aux ames élevées, ceux de votre Nation qui les ont déja égalés, sans avoir d'autre secours que la force du génie & la constance au travail.

QUELS efforts ne devons nous pas faire, puisque rien ne manque aujourd'hui à la Lorraine pour son bonheur & pour sa gloire? Tout est prévu, tout est assuré. Les secours Divins pour les ames, l'éducation de la jeunesse, la paix dans les familles, les aziles pour la pauvreté & l'innocence, des Écoles Militaires pour la fleur de cette Noblesse Lorraine, aussi illustrée dans l'Europe par ses grandes actions que par sa haute antiquité; Écoles honorées sans cesse des regards du Maître, & où des Chefs éprouvés l'exercent aux armes & à la pratique de la vertu.

TELS sont, MESSIEURS, les objets qui occupent notre Auguste Fondateur; tels sont les monumens sacrés de son amour.

LE Grand Monarque, destiné à vous réünir un jour dans le sein d'une même famille, a prouvé, sans cesse, qu'il est pénétré des mêmes principes.

LES dépenses excessives d'une guerre, qui n'a pas moins signalé sa puissance & sa modération, que les ressources inépuisables de ses États; ces dépenses n'ont point diminué ses bienfaits, ni rallenti sa bonté prévoyante pour toutes les Fondations utiles.

CETTE place, cette statuë, demandée avec tant d'acclamations par un peuple qui désire voir fixer sous ses yeux l'image de son Roy victorieux; ces monumens ne subsistent point encore, & déja les Magasins publics, les Routes, les Édifices qui entretiennent le commerce entre les Provinces, s'élévent de toutes parts.

CE Prince, digne petit-fils de Philippe Auguste, fait revivre les anciens priviléges d'une nation guerriére, & les enfans de ceux qui combattirent à Fontenoy, vont joüir des mêmes honneurs que les enfans de ceux qui s'illustrérent à Bouvines.

CES mêmes enfans, élevés sous les yeux de leur Souverain, sont comblés presque en naissant de ses bienfaits : Ils nous rappellent l'éducation que recevoit la jeunesse de Lacédémone : Ces Disciples de Ligurgue, ces enfans de la Patrie, exercés sans cesse aux armes & à la discipline militaire & civile, oublioient toute autre affection particuliére; le même esprit qui les inspiroit ne formoit qu'une seule famille de tous ceux qui devoient servir la République.

HEUREUX le Ministre qui reçoit les ordres de son Maître

pour

pour publier de pareils décrets, & qui voit renaître pour les anciens Militaires qu'il protége, la source pure de la haute Noblesse qu'il a reçu de ses Ancêtres! Telles sont les récompenses dont un Grand Roi sçait honorer le ministere & les services d'un Homme d'État qui connoît le génie de la Nation, & qui n'est occupé qu'à en élever les sentimens & à les rendre utiles à la gloire de son Maître.

Les bienfaits, les privilèges accordés aux Nations, inspirent la reconnoissance; mais souvent les graces qui sont personnelles, animent encore plus vivement l'émulation; le François cherche sans cesse les regards de son Maître; un mot de la bouche d'un Souverain adoré, est pour lui la plus chere, la plus honorable de toutes les récompenses. Quel est le François digne d'estime, qui n'a pas éprouvé ce pouvoir enchanteur, lorsque ses actions ou ses ouvrages l'ont rendu digne de paroître aux yeux de son Souverain?

Combien de fois l'Académie des Sciences n'a-t-elle pas été honorée par les louanges de son Protecteur? Qu'il est facile de discerner alors; qu'il questionne chaque Académicien dans le genre qui lui est propre, & qu'il ne le questionne que pour lui procurer l'honneur d'une réponse juste & précise, mais toujours prévûë par les connoissances & les lumieres de ce même Protecteur: Questions toujours honorables & flatteuses de la part d'un Souverain, puisqu'elles sont la preuve de sa confiance dans les lumieres de celui qui doit lui répondre.

Avec quelle bonté, quel plaisir toûjours nouveau ne voit-il pas ces hommes chéris & respectables à la Nation, & sur-tout cet illustre Académicien que trois âges, voyent présider à l'Empire de la République des Lettres, & les fils du Compatriote & du digne successeur du grand Galilée. (42)

Soyez sûrs, Messieurs, que dès ce jour les yeux de ce Monarque seront attachés sur vous, les liens du sang & ceux qui unissent toujours les grandes ames, l'intéressent également aux succès des desseins & des ouvrages de notre Bienfaiteur.

Ce même jour, le plus beau de notre vie, nous donne des droits sacrés à la protection d'une auguste Reine: Avec quelle bonté, quel plaisir même, ne verra-t-elle pas les Sujets d'un Roi & d'un Pere, qui lui est si respectable & si cher, lorsqu'ils iront porter à ses pieds & leurs respects & le tribut de leurs Ouvrages?

Que ces Ouvrages respirent donc toûjours l'amour du bien public & de la vertu! Rien ne peut échaper à son ame sensible & éclairée; rien n'est digne de lui plaire que ce qui porte le sceau de la candeur & de la Religion! Quelle gloire! quel bonheur pour nous, Messieurs, d'oser la contempler sans crainte dans toute la Majesté qui environne le plus beau trône de l'Univers!

Prés d'Elle, & fidéle imitateur de toutes ses vertus, nous admirerons ce Prince, digne des Héros, que la Seine & la Vistule ont vû naître; ce Prince qui combattit à côté du Roi son Pere dans ce grand jour où nos ennemis mêmes frémirent du péril où

(42) Mr. de Fontenelle & Mrs. Cassiny.

s'exposoient des têtes si chéres, & frémirent une seconde fois en voyant les Bourbons se couronner des mêmes lauriers que les champs de Poitiers avoient vû perdre aux Valois.

PUISSENT nos Ouvrages lui paroître dignes de son estime! Il aime à l'accorder & à en donner des marques honorables & publiques. Mais quels efforts ne devons nous pas faire pour les mériter de sa justice? Ce Prince, amateur de toutes les Sciences, de tous les Arts, les connoît, les cultive avec un génie supérieur, & les protége en Maître. Doüé d'une intelligence rapide, forte & brillante, les traits les plus sublimes, les jugemens les plus précis, caractérisent tout ce qu'une modestie & une simplicité avouées par les graces, s'efforcent en vain de cacher.

TEL est le Sang Auguste, MESSIEURS, qui régne aujourd'hui sur vous; tel est celui qui doit y régner un jour: Quelle Nation fut plus heureuse en Maîtres que la Lorraine? Quelle Nation mérita mieux aussi par son attachement & par ses vertus de les posséder?

PUISSE l'Éternel, qui conduit & protége les desseins de celui dont nous célébrons les bienfaits, le laisser joüir longtems de leur réüssite. De tous les biens dont il nous comble, aucun n'est aussi doux, aussi cher, aussi utile pour nous, que de le voir, de l'entendre & de lui obéïr. Que ce ne soit qu'après avoir vû les jours de Nestor, qu'il remette l'héritage qu'il a sans cesse cultivé & enrichi. Que ces vœux, si purs & si agréables à la Divinité, qu'une auguste Reine offre sans cesse aux pieds des Autels, ne ſoient de longtems troublés par les larmes. Que ſon ame, & ſi belle & ſi ſoumiſe aux décrets de la Providence, en reçoive conſtamment des faveurs.

Mais, Messieurs, banniſſons l'idée funeſte & éloignée du plus grand des malheurs. Jouïſſons avec nos tranſports ordinaires de la préſence de notre Bienfaiteur. Hâtons-nous de remplir l'objet de ſon inſtitution; & que ce jour qui va devenir célébre dans les faſtes de la République des Lettres, ſoit le premier d'un travail qui peut lui plaire & nous illuſtrer.

IV. DISCOURS

Prononcé par M. l'Évêque de Troyes.

ESSIEURS,

L'EMPLOY dont je commence à m'acquitter aujourd'hui, m'eſt auſſi nouveau qu'il m'eſt honorable. Appellé à cette Cour, pour y exercer le miniſtére le plus ſaint, pouvois-je m'attendre à passer du Sanctuaire de la Religion dans le Temple des Arts ? Pouvois-je croire qu'une voix consacrée jusqu'ici à exposer les vérités qui instruisent, dût-être un jour appliquée à vous développer celles qui plaisent ; & qu'après n'avoir occupé l'attention que d'un Auditoire Chrétien, je fusse destiné à mettre encore à l'épreuve celle d'une assemblée purement Académique.

MAIS le Grand Roi qui m'avoit confié le soin de prêcher aux Peuples qu'il gouverne, la Morale Evangélique, désire que je parle aux Savans, qu'il rassemble, des devoirs Littéraires ; & il veut, qu'après avoir fini une mission, dont ses exemples abrégeront toûjours le travail, je paroisse à un établissement dont ses bienfaits assurent la durée.

LE spectacle que nous formons aujourd'hui, vous le savez, MESSIEURS, doit sa naissance au projet d'un Prince, digne de voir se réünir pour son éloge tous les talens que sa libéralité divise. Instruit par lui-même, & plus capable que tout autre d'en juger ; instruit, dis-je, de la politesse, du génie, du goût & de l'élégance qui régne dans les Ouvrages sortis de cette Province, il s'est persuadé, avec raison, qu'il donneroit à vos travaux un nouveau lustre & un nouveau dégré de force, en les couronnant par ses dons, & en réünissant sous un même point de vûë tout ce qu'il y a de plus propre à cultiver en même tems & l'esprit & les mœurs de ses Sujets. Quel honneur pour moi, MESSIEURS, de me trouver, quoiqu'étranger, un des dépositaires de vos intérêts & de votre gloire ! Mais, permettez-moi de le dire, quelque flatté que je ſois de la place que j'occupe ici, je renoncerois volontiers à la qualité de Juge, ſi j'avois celles qu'il faut pour être votre concurrent, & il me ſeroit bien plus glorieux d'occuper une place parmi vous, que de contribuer à marquer celle que vous devez occuper parmi les autres.

MA gloire, cependant, dans ce moment, eſt d'entrer dans le plan des projets que le Roy vient de former, pour l'honneur & l'utilité d'une Province qui lui eſt chere à bien des titres : Mais ſa gloire, à lui-même, eſt, qu'après avoir été le modéle à propoſer dans les Chaires de la Religion, il ſoit encore celui dont les Lettres ſe glorifient : Roi Chrétien, Roi Citoyen, Roi Savant, chacun de ces titres ſuffiroit pour rendre un Roi recommandable à la poſtérité ; & la poſtérité ne connoîtra pas encore, ſous tous ces titres, tout le Roi qui fait votre bonheur.

POUR répondre aux vûës qu'il s'eſt proposées d'établir dans les Arts le régne du goût, auſſi ſolidement que ſon propre régne l'eſt dans tous les cœurs, j'ai crû qu'il convenoit de faire quelques réflexions ſur la nature & la néceſſité du bon goût. J'en indiquerai les loix, j'en marquerai les avantages ; il vous eſt réſervé, MESSIEURS, d'en donner les exemples.

QU'EST-CE que le goût ? Une qualité qu'un génie médiocre regarde comme la ſienne, qu'un eſprit critique croit n'être celle de perſonne, dont tout le monde parle, que peu d'hommes connoiſſent, & qui, à force d'être définie, eſt devenuë, peut-être, indéfiniſſable.

Un Auteur moderne nous dira que le goût n'eſt qu'*une imitation de la belle nature ;* & à ce prétendu axiome que l'on met au nombre des oracles, mais dont il n'a que l'obſcurité, ſeront rappellés tous les Arts comme à leur principe ; cependant n'eſt-ce pas l'objet & l'exercice du goût, que l'Auteur nous définit, plutôt que le goût lui-même ? Le goût eſt régle, & l'imitation eſt étude.

Un autre le fera conſiſter dans une proportion exacte de toutes les parties entre elles-mêmes, & avec le tout qui réſulte de leur aſſemblage. C'eſt bien là l'effet du goût, ce n'en eſt pas la nature ; j'y vois ce qu'il produit, je n'y découvre pas ce qu'il eſt. Tâchons de le faire connoître, ſans entreprendre de le définir.

NE pourroit-on pas dire, MESSIEURS, que le goût eſt pour les Lettres, ce qu'eſt la Loi pour les mœurs ? Le principe du bon, le modéle pour le repréſenter, & la régle pour en juger.

La Loi ne change point pour nous, mais nous changeons pour elle, & ce que nous lui ſuppoſons d'inégalité, n'eſt que dans nos mœurs qu'elle ne peut fixer : Le goût eſt toûjours même ; les variations que nous lui attribuons ſont dans les eſprits ; & il ne peut être méconnu que quand nous le rendons méconnoiſſable ; on ſe fait de mauvaiſes loix par de fauſſes interprétations de la véritable ; on ſe fait un faux goût par une mauvaiſe imitation du vrai ; la Loi ne ſe laiſſe pas violer impunément, elle pourſuit les infracteurs qui la négligent, ou qui la déshonorent, & la ſainteté des devoirs qu'elle enſeigne préſentée au coupable, eſt la premiére vengeance qu'elle tire de ſes revoltes : Le goût ſe vange à son tour de ceux qui le méprisent ou qui l'altérent ; ses principes ne peuvent être ignorés lors même que ses préceptes sont négligés ; & la prémiére peine dont il punit cette négligence, est dans la comparaison d'un ouvrage fait sans son aveu, avec ceux des modéles sur lesquels il devoit être composé, tels que pourroient être ceux que vous venez d'entendre.

CONSIDÉRONS à présent le goût dans les hommes. Ce terme ne présente à mon esprit qu'une facilité à voir d'un coup d'œil, & à saisir dans l'instant le point de beauté propre à chaque sujet que l'on traite. Mais qu'est-ce que beauté dans les ouvrages ? force & vivacité du génie, liaison exacte de toutes les parties, rapport immédiat des unes avec les autres, justesse dans ces rapports & même dans les contrastes ; degré de nuance, ton de couleurs, assortiment & assemblage de tout ce qui enléve d'abord le suffrage & fixe l'admiration. Par exemple, dans les pensées, rien de beau sans le noble & le vrai ; le faux & le rempant doivent en être bannis. Dans les sentimens, rien de beau sans l'élévation & le touchant ; le décent & le pathétique font leur mérite. Dans les expressions, rien de beau sans le naturel & le gracieux ; l'obscur & l'affecté sont leurs défauts essentiels ; la hardiesse, mais sans écarts dans les idées ; les ornemens, mais sans parure dans le stile ; la variété, mais sans bigarure dans les tours ; une richesse, mais sobre & sans faste ; une sagesse, mais égayée sans indiscrétion ; une abondance, mais mesurée sans profusion ; une facilité qui ne soit point négligence ; une finesse qui ne soit point affectation ; une méthode, qui soit sans contrainte ; l'art enfin, mais déguisé, qui semble n'avoir étudié tout, que pour tout dire sans étude, & ne travailler que pour dissimuler les efforts du travail. Telles sont, si je ne me trompe, MESSIEURS, les qualités avantageuses qui nous saisissent d'abord dans les ouvrages d'esprit.

LE goût, considéré dans le cœur, ne se définit pas, parcequ'il est sentiment ; il ne s'acquiert pas, parcequ'il est qualité ; la nature le donne. Regardé comme faculté d'esprit & promptitude à bien juger, il se forme par la lecture, il s'épure par les comparaisons, les réflexions l'assurent, les exemples l'étendent & l'imitation l'affermit. Sentiment du vrai, droiture de raison, ce sont ses principes : Justesse de pensées, netteté d'expressions, ce sont ses régles ; souplesse d'un esprit qui sçait obéir à la loi des bienséances ; sagesse de détail qui sçait adopter le nécessaire & retrancher le surperflu ; œconomie des régles qui président à l'ordonnance, ce sont ses qualités : Tableaux naturels, images animées, peintures justes, saillies mésurées ; à leur suite, saisissement d'admiration, suffrages aussi-tôt obtenus que demandés, esprits à peine attaqués & subjugués, ce sont ses effets.

C'EST-LA, MESSIEURS, ce que j'appelle goût, toute autre idée lui est étrangére ; la mienne ne le rend pas encore tout entier, mais elle réveille à ce moment toutes celles que vous en avez connuës vous-mêmes.

POUR prouver la nécessité du goût, j'ose avancer ce paradoxe, que sans lui, le génie le plus sublime est souvent plus dangereux pour les Arts qu'il ne leur est utile. Naturellement hardi, il s'éleve au dessus du vrai comme au dessus du commun: Sa passion est le nouveau; toûjours avide de distinctions, il prend son vol; ce qui est naturel aux autres, est étranger pour lui; une région supérieure d'où il puisse dominer, voilà son centre. L'imagination, guide insensée lorsqu'elle n'est pas guidée elle-même, lui prête ses aîles; nouvel Icare, il va dans la région du feu, & tandis qu'il se livre à un nouvel essor dans des plages inconnuës, les nuës qu'il a percées se rejoignent, leur ombre le dérobe aux regards des mortels, & il ne leur est rendu que par sa chûte. L'esprit qui ne peut atteindre à la hauteur du génie, le laisse s'élever, se contente de marcher, mais sa marche irréguliére ne le conduit point à son but; un goût frivole s'empare de lui; il tourne sans-cesse dans le tourbillon de la mode; c'est un papillon qui cherche une lueur favorable pour faire briller les couleurs dont ses aîles sont nuancées; là se borne son ambition: Il plaît aux Lecteurs légers, comme le papillon aux enfans; son éclat dure autant que la lueur autour de laquelle il voltige; l'aîle se desséche, se brûle ensuite, & l'insecte rampe.

C'EST à vous, MESSIEURS, que j'en appelle; ce portrait n'est que trop véritable, même dans la Littérature, & l'image n'est que d'après des modéles. En effet, parcourez les Ouvrages divers dont le déluge innonde, aujourd'hui plus que jamais, la République des Lettres. Un titre singulier, des avantures imaginées, un ſtile marqueté, une ſentence hardie, un tour de pensées bizarres, un aſſemblage d'expreſſions colorées, un jargon obſcur & précieux; diſons tout, une barbarie de langage ornée & parée de faux brillans & de clinquans, où le vernis eſt ſubſtitué à la peinture, la découpure au tableau, & au ſérieux du bon ſens, le frivole de l'affectation: N'eſt-ce pas là le fonds, ou du moins le courant de la Littérature moderne? Que fait le goût? Il ſoutient le génie dans ſon eſſor & le rappelle de ſes écarts, lui marque ſa route dans les airs & lui preſcrit ſes bornes; ne l'affranchit du commerce des hommes, que pour l'aſſocier à celui des Dieux; lui permet de s'élever quand il le peut, l'oblige à marcher quand il le doit; & en lui laiſſant toute la liberté que l'imagination déſire, le retient dans les limites que la raiſon a marquées. Il ouvre toutes les routes du labyrinthe, dans lequel l'eſprit frivole s'égare; lui laiſſe la fineſſe du langage, mais en bannit l'obſcurité; retranche la parure qui eſt étrangére, pour ne laiſſer que l'ornement qui eſt propre; admet les graces, mais veut que les vertus les reconnoiſſent, que les Muſes les conduiſent, & ne ſouffre pas qu'un amour aveugle les égare; à l'étincelle, enfin, qui ne répand qu'une lueur aſſez ſemblable à la nuit, le goût ſubſtituë le flambeau qui produit la lumiére & enfante ou remplace le jour.

C'EST par lui, c'eſt par ce goût ſage & hardi que furent inſpirés ces génies puiſſans, qui, dans un ſiécle aſſez peu éloigné du nôtre, rallumérent dans le Temple des Arts ce feu ſacré que la molleſſe avoit laiſsé éteindre, diſſipérent les ténébres dont l'ignorance

rance avoit couvert prefque tout le Parnaffe; rappellérent l'antiquité, plus défigurée encore par le pinceau de la nouveauté que par fes propres rides, ouvrirent à des Lecteurs, curieux d'apprendre, les tréfors Littéraires que les fiécles nous ont confervés comme l'héritage des efprits, & nous montérent enfin à ce dégré d'intelligence qui a fixé les lettres parmi nous. Jufques-là les Mufes errantes avoient en vain cherché un azile ; elles avoient franchi quelques montagnes, parcouru quelques Provinces, éclairé quelques Nations ; le hazard ou la curiofité leur ménagérent de tems en tems des protecteurs affez zélés pour les défendre ; mais il étoit réfervé au goût de leur fufciter des connoiffeurs intelligens, capables de les accréditer en les cultivant, de profiter de leurs richeffes & de leur en donner, de fe pénétrer de leurs préceptes & de les tranfmettre aux autres.

C'EST de ces Reftaurateurs des Sciences, que nous avons reçu ce goût fage & heureux qui les maintient encore, malgré la confpiration des préjugés : Puiffions-nous fentir toûjours le prix d'un tel avantage, & nous conferver la poffeffion glorieufe où nous fommes depuis fi long-tems, de fervir dans ce genre, comme dans prefque tous les autres, de modéles aux autres Peuples.

NOUS avons vu la Cour du dernier & du plus grand de nos Rois, devenuë le fanctuaire des Lettres comme celui de la Majefté ; tous les talens fe réünir avec les vertus autour du même trône, & le régne d'un feul Prince, être celui de tous les Arts. L'Augufte de la France l'emportoit fur celui de Rome par l'héroïſme de ſa valeur, la grandeur de ſon ame & l'étenduë de ſes bienfaits; la France ne vit plus rien dans l'ancienne Rome qui put exciter ſa jalouſie; le nombre des grands hommes qui ſe ſignalérent dans tous les genres, paſſera ſeul pour un prodige; nous n'y penſons qu'avec une ſorte de reſpect, qui eſt l'hommage que nous rendons aux talens, ou plutôt au goût qui préſidoit à leurs travaux, & qui de leurs amuſemens-mêmes nous a fait des modéles. Les ſuivre, eſt encore la gloire de notre ſiécle, les atteindre ſera le déſeſpoir des ſiécles ſuivans.

C'EST par la célébrité des Tribunaux Littéraires, que s'opérerent tant de prodiges. Là des génies raſſemblés ſous les loix d'une ſociété également ſçavante & polie, ſe partagent entre eux tous les objets de la Littérature. Là des hommes ſortis de l'ordre commun, apportent tour à tour les fleurs de leur loiſir & les fruits de leur travail. Là enrichis du tribut de toutes les Sciences, ils en répandent avec profuſion les tréſors ſur un Public avide & connoiſſeur, qui, à ſon tour, les multiplie par l'uſage même qu'il en fait.

AVANTAGES précieux, dont cette Province va bien-tôt recuëillir les fruits. Heureuſe Province! Quelle foule de génies ne vois-je pas déja naître ſous tes yeux? Quelles vives lumiéres préparées dans ces aſſemblées, vont ſe réfléchir ſur les Villes; Terre fertile en talens, tu te plaignois de ce que le défaut d'occaſion pour les cultiver ou les produire, rendoit ta fécondité inutile! Que la reconnoiſſance grave à jamais dans tes faſtes, ce jour mémorable, où un Grand Roi, aussi zélé pour ta gloire, que tu l'es toi-même pour son service, éléve aux Arts un monument qui les fixera désormais dans ton sein. Puisse-t-il, ce monument, toûjours présent à tes yeux, rappeller sans cesse le souvenir de la main qui l'a établi, & donner au bon goût sur tous les esprits, un empire aussi durable que le sera sur tous les cœurs celui de la reconnoissance pour un Prince, dont le plaisir est de faire des heureux, & qui ne se croit heureux lui-même que par le plaisir d'en faire.

FIN.

ÉPITRE AU ROY,

Présentée par le R. P. Leslie, *nommé par Sa Majesté, Membre honoraire de la Société Littéraire, pour être reçu à la Séance publique du mois de May prochain.*

Quoi, Grand Prince, l'ardeur de faire des heureux,
S'accroit avec tes dons, en ton cœur généreux!
A peine un bien est fait, qu'il cherche un bien à faire;
Des grands Rois, des Héros, tel est le caractere;
Leur ame, rayon pur de la Divinité,
Dans ses vastes projets en a l'immensité.
Tel jadis Alexandre, aux rives de l'aurore,
Cherchoit vainqueur de tout, un monde à vaincre encore.

Les Peuples éclairés, les vices combattus,

Et le zéle en triomphe amenant les vertus;
L'Orphelin consolé, l'oisiveté proscrite,
Les Pauvres secourus, & la Jeunesse instruite;
La chicane contrainte à respecter la Loi;
Tous ces bienfaits divers, immortels comme toi,
Ont prouvé ta grande ame, & n'ont pu lui suffire.
Les talens excités sont l'honneur d'un Empire;
Dignes de t'occuper, ils fixent tes regards;
Voici le jour enfin du Génie & des Arts.

PEUPLE heureux dans tes murs, voi s'élever leur Temple, (1)
Là puisant à la fois le précepte & l'exemple,
Voi des Lettres, des Arts, tous les Héros fameux,
Des trésors de l'esprit enrichir nos Neveux.
De ces Arts qu'il posséde, un grand Roi sur nos rives,
Ouvrant en ce beau jour les brillantes Archives,
Unit, digne rival d'Auguste & de Titus, (2)
Le goût pour les talens, & le goût des vertus.
Le séjour respecté des Dieux de la Patrie,
Qu'honora si longtems leur présence chérie,

(1) Bibliothéque publique, fondée par le Roi, dans une Salle du Palais Ducal de Nancy, avec un revenu de 3000. livres à perpétuité, pour l'entretenir & l'augmenter.

(2) Auguste fonda sur le Mont Palatin, une Bibliothéque publique dans l'enceinte de son Palais, & la donna à une Société de Savans pour leurs Assemblées.

En Temple des neuf Sœurs se transforme à sa voix;
Où régnoient des Héros, les Arts donnent des loix.
Près des Auteurs fameux de la Gréce & de Rome,
Là je vois se placer tout sage, tout grand homme,
Dont l'exacte recherche & les regards perçans
Ont sondé la nature & dévoilé les tems.
Douce Société, seule exempte de brigues,
De fausseté, d'ennui, de contrainte & d'intrigues;
D'où le cœur sort plus droit, l'esprit plus éclairé;
Où de guides instruits, d'amis sûrs entouré
Le vrai sage avec eux se forme à l'Art suprême
De trouver son bonheur, sa fortune en lui-même.
De cet azile heureux, des purs & vrais plaisirs,
Il voit errer la foule en proye aux vains désirs,
Du trouble à la langueur, des ennuis à l'ivresse,
Toûjours loin du vrai bien, qu'elle poursuit sans cesse.

Astres brillans des Arts, à nos yeux éblouis;
Ramenez les beaux jours d'Auguste & de LOUIS.
De ce foyer commun, vrai centre de lumiére,
Rayons purs éclairés la Nation entiére.

De Maîtres adorés, ô vous! dans tous les tems
Moins les Sujets craintifs, que les tendres enfans,

LORRAINS, à qui le Ciel, pour prix de votre zèle,
Les rends tous dans un Roi, formé sur leur modéle;
Peuple, ami des Autels, des Vertus & des Arts,
Vers la gloire à sa voix, élevés vos regards.
Les prix vous sont offerts; on leve la barriére; (3)
Pleins d'une noble ardeur, volés dans la carriére;
Portant au sein des Arts, à l'envi le flambeau,
Saisissez, en tout genre, & l'utile & le beau.
Dans ses fastes, quel Peuple en eut plus de modéles?
J'y vois des Phidias, des Varrons, des Apelles.
La plume, le compas, le pinceau, le burin,
Ont brillé tour à tour dans votre heureuse main:
Riche encore de vos biens, la France vous envie
Le ciseau des ADAM, les charmes de CÉNIE.

DE vos travaux déja, les Arbitres savans,
Modéles tout ensemble & Juges des talens,
Les lauriers à la main attendent vos Ouvrages.
Balançant leur critique, honorant leurs suffrages,
Puissent, heureux Vainqueurs, vos efforts, vos succès,
Payer de votre Roi, les soins & les bienfaits.

(3) Deux Prix de 600. livres chacun, pour le plus de succès sur quelque Science ou Art, à leur
être distribués par les Censeurs fondés par le Roi, au choix
à ceux de ses Sujets qui se seront efforcés avec le

PRIVILÉGE.

STANISLAS, par la grace de Dieu, Roi de Pologne, Grand Duc de Lithuanie, Russie, Prusse, Mazovie, Samogitie, Kiovie, Volhinie, Podolie, Podlachie, Livonie, Smolensko, Sévérie, Czernichovie, Duc de Lorraine & de Bar, Marquis de Pont-à-Mousson & de Nommeny, Comte de Vaudémont, de Blamont, de Sarwerden & de Salm. A nos amés & féaux les Présidens, Conseillers & Gens tenans notre Cour Souveraine de Lorraine & Barrois, Baillis, Lieutenans Généraux, Particuliers, Conseillers & Gens tenans nos Bailliages, SALUT. Les Censeurs Royaux, établis par notre Édit du vingt-huit Décembre dernier, en notre bonne Ville de Nancy, nous ayant fait exposer qu'ils désiroient faire imprimer à l'avenir, s'il Nous plaisoit de leur en accorder le Privilége, tant les Ouvrages de leur composition, que ceux de nos Sujets qui aspireront aux Prix que Nous avons fondé par ledit Édit. A CES CAUSES, voulant favorablement traiter lesdits Censeurs Royaux, tant en considération de leur mérite & capacité, qu'à cause de l'avantage que le Public peut retirer desdits Ouvrages, Nous leur avons permis & permettons par ces Présentes, de faire imprimer, vendre & débiter en tous les lieux de notre obéïssance, par tel Imprimeur qu'ils voudront choisir, en telle forme, en tel caractére & autant de fois que bon leur semblera, tous les Ouvrages qu'ils auront faits & qu'ils voudront faire paroître sous leur nom, & ce pendant l'espace de vingt années consécutives, à compter du jour de la datte des Présentes. Faisons très-expresses défenses à tous Imprimeurs & Libraires, & à toutes sortes de personnes, de quelque qualité & condition que ce soit, d'imprimer ou de faire imprimer en tout ou en partie, aucun des Ouvrages desdits Censeurs Royaux, ni d'en introduire, vendre ou débiter aucun d'impression étrangére dans nos États, sans le consentement par écrit de nosdits Censeurs Royaux, ou de ceux qui auront leurs droits, à peine, contre chacun des Contrevenans, de trois mille livres d'amende, applicable un tiers à Nous, un tiers à l'Hôpital Saint Julien de notre bonne Ville de Nancy, & l'autre tiers à nosdits Censeurs Royaux, ou aux Libraires dont ils se seront servis; & à peine aussi de confiscation des exemplaires, & de tous dépens, dommages & intérêts; à condition néanmoins, que l'impression desdits Ouvrages sera faite dans nosdits États & non ailleurs, en bon papier & beaux caractéres, conformément aux Réglemens de la Librairie, & qu'avant de les exposer en vente, il sera mis un exemplaire de chacun dans notre Bibliothéque publique, & un dans celle de notre très-cher & féal Chevalier, Chancelier, Garde de nos Sceaux & chef de nos Conseils, le Sieur de la Galaiziére; le tout à peine de nullité des Présentes, du contenu desquelles Nous vous mandons & enjoignons de faire joüir pleinement & paisiblement nosdits Censeurs Royaux, ou ceux qui auront droit d'eux, sans souffrir qu'il leur soit fait aucun trouble ni empêchement. Voulons que copie des Présentes, qui sera imprimée au commencement ou à la fin desdits Ouvrages, soit tenuë pour bien & duëment signifiée. Mandons en outre au premier notre Huissier ou autres Huissiers ou Sergens sur ce requis, de faire pour l'exécution du présent Privilége, toutes significations, défenses, saisies & autres Actes de Justice nécessaires. CAR AINSI NOUS PLAIT. En foi de quoi Nous avons aux Présentes, signées de notre main, & contre-signées par l'un de nos Conseillers-Secrétaires d'État, Commandemens & Finances, fait mettre & apposer notre Scel secret. DONNÉ en notre Ville de Luneville, le 8. Mars 1751. *Signé*, STANISLAS ROY. *Et plus bas*, Par le Roy, ROUOT. *Registrata*, GUIRE.

La Société Littéraire a cédé & transporté le présent Privilége à PIERRE ANTOINE, *son Imprimeur.*

www.ingramcontent.com/pod-product-compliance
Ingram Content Group UK Ltd.
Pitfield, Milton Keynes, MK11 3LW, UK
UKHW020203200726
13856UKWH00003B/1165